就業力を育む
デジタル表現技術者養成プログラム

−創造的表現力を重視したアクティブ・ラーニングの実践−

穗屋下　茂　監修

五絃舎

【執筆担当者】（執筆順）

近藤弘樹
　佐賀大学名誉教授
　執筆担当：巻頭言

穂屋下 茂
　佐賀大学全学教育機構教授
　大学eラーニング協議会会長
　執筆担当：1.1節，4.3.2節，7.1節
　　　　　　7.3節，7.4節，あとがき

角 和博
　佐賀大学文化教育学部教授
　執筆担当：1.2節，1.3節，4.3.4節

中村隆敏
　佐賀大学文化教育学部教授
　執筆担当：第2章，4.2.5節，4.2.6節
　　　　　　4.2.7節，第8章
　　　　　　トピックスⅠ-Ⅲ

古賀崇朗
　佐賀大学eラーニングスタジオ（教務補佐員）
　執筆担当：3.1節，3.3節
　　　　　　4.2.8節，第5章，6.1.4節

梅崎卓哉
　佐賀大学eラーニングスタジオ（教務補佐員）
　執筆担当：3.2節

河道 威
　佐賀大学eラーニングスタジオ（教務補佐員）
　執筆担当：4.1節，4.2.4節，4.4.1節
　　　　　　4.4.2節

永溪晃二
　佐賀大学eラーニングスタジオ（教務補佐員）
　執筆担当：4.2.1節

高崎光浩
　佐賀大学医学部准教授
　執筆担当：4.2.2節，4.2.3節

青柳達也
　佐賀大学非常勤講師
　執筆担当：4.3.1節，トピックスⅣ

藤井俊子
　佐賀大学非常勤講師
　執筆担当：4.3.3節

米満 潔
　佐賀大学eラーニングスタジオ（教務補佐員）
　執筆担当：4.3.5節，6.2節，6.3節

西村雄一郎
　佐賀大学非常勤講師
　執筆担当：4.4.3節

久家淳子
　佐賀大学eラーニングスタジオ（教務補佐員）
　執筆担当：6.1.1節—6.1.3節，付録B

田口知子
　佐賀大学eラーニングスタジオ（教務補佐員）
　執筆担当：7.2節，付録A，トピックスⅤ

松前あかね
　佐賀大学非常勤講師
　執筆担当：第9章

【装丁：表紙カバー】永溪晃二

巻 頭 言

「表現することによる学び」の場としての
「デジタル表現技術者養成プログラム」

近藤 弘樹
2015 年 8 月

　21 世紀は，「学び」の世紀になろうとしている。

　地球 46 億年の歴史の中で，生物は，遺伝子を獲得し，その変化を通じて自らの体を変えることを「学び」(Learning)，進化することで，大繁栄してきた。生物が宇宙の歴史の中で「学ぶ」能力を獲得し，進化し大繁栄したことは，「ビッグヒストリー」，即ち，宇宙の歴史として，科学的な裏付けを持った事実として解明されている[1]。

　地球の生物が利用しているエネルギーは，素過程としてはとても小さい量である。生物が利用しているたんぱく質分子の結合エネルギーは，数 eV 〜 0.00 数 eV（エレクトロンボルト）位で，小さいところは温度換算で数 10 度位である。生物の体もたんぱく質分子の結合でできている。生物の体は脆く，か弱い存在であると言って良い。

　しかし，生物は遺伝子を獲得し，淘汰を通じて「学ぶ」ことで進化し，自らの体に高度な構造を持たせシステム化し，生きるための高度な機能を実現できるようになった。

　更に人は脳，神経回路網を獲得し，言葉を発明して，「集団的学び」(Collective Learning) の能力を獲得し，ICT 革命も得て，生きるための知恵と知識を共有する手段を得た。

　もし，人類が獲得したこの「集団的学び」の成果を，自らが作っている社会に適用したならば，より良い社会，人がより良い生活ができる社会が実現する

はず，即ち私たちの文明を更に発展させることができるはずである。このような可能性を持つ21世紀は，「学び」の世紀と言えるだろう。

　日本の学校教育において「学び」は，明治以来，欧米の進んだ科学技術を遅れた日本国民が勉強する，という教育政策の下で進められてきた。日本は，欧米の近代科学技術を社会に取り入れることで急速に経済発展を成し遂げてきた。1980年代迄の高度経済成長が続いた時期までは，科学技術を発展させ，その成果を社会に応用し社会の発展をもたらすことに成功したという意味で，この教育政策は成功であったと言えるだろう。
　しかし，先進国並みの科学技術の獲得とその社会への応用に成功し，社会の豊かさをそれなりに獲得した現在の日本においては，「既存の科学技術を勉強する」というだけの教育基本政策のマイナス面が目立ってきている。
　例えば，「貴大学の学生は，生き生きと学んでいますか？」という問いに肯定的な答ができる大学教員はどれだけいるだろうか？　また今の日本に，良い大学に入学するためという目先の目的を越えて「学ぶ目的を語ることができる」中学生，高校生はどれだけいるだろうか？　学校では，「勉強することを強制されて嫌になってしまっている」生徒・学生の姿が目に付く。

　どうしてこのような姿になって仕舞っているのだろうか？　検証される必要があると思うが，次のような理由を考えることができる。
- 科学技術の成果が社会に応用されて，身近で当たり前に手に入るものとなり，科学技術に特にあこがれを抱かなくなった。
- 高度経済成長に依り日本社会は豊かになり，努力しなくても，特に若者は，そこそこの生活ができる。生活を向上させるための手段に注目し苦労して努力する必要を感じない。
- 一方で科学技術は高度に発達しており，複雑な仕組みを伴って社会で実現しており，その仕組みの理解には多くの努力が必要になっている。理解のための努力の増加により，「学び→理解・納得→学び」の学びの意欲サイ

クルが働き難くなっている。
・このような状況の下でも学校教育の提供者の側からは，既存科学技術の中身が提示されるだけで，学ぶ側は「勉強，即ち受動的学びを強制されて辟易しており，嫌になっている」，

と言えるのではないだろうか？

　近年，日本の大学教育に於いても，学修者の能動性に注目して学びを進める教育が推奨されている。中央教育審議会は，「(答申) 新たな未来を築くための大学教育の質的転換に向けて〜生涯学び続け，主体的に考える力を育成する大学へ〜」(2012年8月28日) では，大学が能動的学修（アクティブ・ラーニング）を進めることを期待している。

　佐賀大学では，2009年度から「デジタル表現技術者養成プログラム」に取り組み始めた。知の製造流通業を営む事業者である大学として，ICT革命に依り可能になったデジタル表現を担う人材育成に取り組もうというものである。ここで「知」とは，人がより良く生きるための知恵と知識であり，人類の集団的学びの成果物である。佐賀大学のデジタル表現技術者養成プログラムでは，表現対象分野として文化・芸術の分野だけではなく，全ての学問分野を含むものとしている。プログラムに参加する学生も，全学部の学生が対象となる。

　知恵・知識を，デジタル表現技術を用いて，マルチメディア，言葉・音声・画像・映像で表現することは，能動的（アクティブ）な創作活動である。
　ある分野の知恵・知識を，デジタル表現を用いて他者に伝えるためには，知恵・知識を他者に伝わるように編集しなければならない。知恵・知識の断片を単に並べるだけでは無く，まとまった考えとして提示しなければならない。つまり，表現者の頭の中に考えを創る活動が必要になる。自らの脳の中に考えを創る活動は，「学び」そのものでもある。表現者は「表現することに依り学ぶ」

ことになる。

　表現者になることは，「能動的な学び」者になることに留まらず，更に，「主体的・内発的な学び」者に発展する潜在力を持っている。それは，表現しようと思えば，「何を表現するのか？」，「何のために表現するのか？」を考えざるを得ないからである。既存の知恵・知識を表現するだけでは無く，既存の知恵・知識を再検討し，新たな知恵・知識を生み出したり，知恵・知識の位置付けを新たに行ったりするなど，新たな知創造へ踏み出す「主体的・内発的学び」者への道に繋がっている。

　佐賀大学の「デジタル表現技術者養成プログラム」では，このような学びの場を全学部の学生が参加し得る場として設けた。
　本書は，この取組の報告であり，総括でもある。参加学生諸君の取組と成果，関係教職員の支援と想いを載せている。本書を手に取られた読者の方々には，ご一読頂くだけでは無く，是非，本取組に対するコメントをいただくことができれば，大変嬉しく思います。

引用・参考文献資料
1) TED スーパープレゼンテーション　デビッド・クリスチャン（David Christian）: The history of our world in 18 minutes「18分でたどるビッグヒストリー」, http://digitalcast.jp/v/11611/　（2015/11/26 アクセス）

目　次

巻頭言：「表現することによる学び」の場としての「デジタル表現技術者養成プログラム」

第1章　大学教育に求められているもの ── 3
1.1　主体的学びを促進する大学教育環境の構築 ── 3
- 1.1.1　全入時代を迎えて ── 3
- 1.1.2　アクティブ・ラーニング ── 4
- 1.1.3　教授法の質の変遷 ── 6

1.2　大学教育を主体的学びの場にするために ── 7
- 1.2.1　「主体性」の成り立ち ── 7
- 1.2.2　「学び」の状況 ── 10

1.3　佐賀大学における新しい教育実践の試み ── 12
- 1.3.1　地域創成型学生参画教育プログラム ── 12
- 1.3.2　「デジタル表現技術者養成プログラム」の位置づけ ── 14

第2章　デジタル表現技術者養成プログラム ── 17
2.1　背景と目的 ── 17
2.2　デジタルによる表現とは何か ── 18
2.3　デジタルとアナログ ── 19
2.4　マルチメディアとインタラクティブ ── 21
2.5　デジタル表現力を育むプログラムの開発 ── 23

第3章　学修環境 ── 27
3.1　演習環境の整備 ── 27
- 3.1.1　演習用コンピュータの整備 ── 28
- 3.1.2　プログラムで利用する映像や音声収録の機器 ── 31

3.2　学習管理システムの活用 ── 32
- 3.2.1　システムの構成 ── 33
- 3.2.2　コースの種類と使い分け ── 33
- 3.2.3　学習管理システムで提供する機能 ── 34

3.2.4　これからの学修環境 ——————————————38
　3.3　本プログラムの必修科目の指導・支援体制 ——————39

第4章　カリキュラム編成 ——————————————41
4.1　プログラム開講科目 ——————————————————41
4.2　クリエーター能力育成科目群 —————————————46
　　4.2.1　映像・デジタル表現Ⅰ（デジタル表現入門）—————46
　　4.2.2　Web表現 ———————————————————52
　　4.2.3　プログラミング表現 ——————————————59
　　4.2.4　映像表現 ———————————————————63
　　4.2.5　デジタルメディア・デザイン ——————————66
　　トピックスⅠ　デジタルにおける色の表現 ———————69
　　4.2.6　映像・デジタル表現Ⅱ（アニメーション表現）———71
　　トピックスⅡ　時間軸から解放された映像表現 ——————73
　　4.2.7　映像・デジタル表現Ⅲ（CG表現）————————76
　　トピックスⅢ　CGアニメーションの発達 ————————77
　　4.2.8　映像・デジタル表現Ⅳ（デジタル表現修了研究）——81
4.3　キャリアデザイン・コミュニケーション育成科目群 ————84
　　4.3.1　身体表現入門 —————————————————84
　　トピックスⅣ　社会的に重要な「身体表現」———————88
　　4.3.2　プロデューサー原論 ——————————————89
　　4.3.3　教育デジタル表現 ———————————————96
　　4.3.4　インストラクショナルデザイン —————————101
　　4.3.5　授業支援入門 —————————————————104
4.4　映像関係科目群 ———————————————————111
　　4.4.1　画像へのアプローチ ——————————————111
　　4.4.2　伝統工芸と匠 —————————————————112
　　4.4.3　映画製作 ———————————————————114
　　トピックスⅤ　学生の作品紹介 —————————————120

第5章　デジタル表現修了研究 ————————————125
5.1　修了研究のテーマと実施 ———————————————125
5.2　修了研究作品展「電脳芸術展」と評価 —————————129
　　5.2.1　修了研究作品展における作品評価 ————————129

5.2.2　修了研究発表会における発表評価 ——————————— 131
　　5.2.3　評価の結果と問題点 ——————————————— 132
　　5.2.4　優秀者の表彰について ————————————— 133
　5.3　今後の展開 ———————————————————— 134

第6章　学修成果 —————————————————————— 137
　6.1　履修者の変遷 ——————————————————— 137
　　6.1.1　履修希望者の変遷 ———————————————— 137
　　6.1.2　履修者について ————————————————— 138
　　6.1.3　修了者数の変遷 ————————————————— 139
　　6.1.4　アンケート結果（学生の意見）————————————— 141
　6.2　学生による学会等での発表・コンテストでの受賞 ———————— 145
　　6.2.1　1期生の活躍 —————————————————— 145
　　6.2.2　2期生の活躍 —————————————————— 146
　　6.2.3　3期生の活躍 —————————————————— 146
　　6.2.4　佐賀大学コンテンツデザインコンテスト ————————— 148
　　6.2.5　学会発表 ———————————————————— 148
　6.3　修了した学生の声 ————————————————— 148
　　6.3.1　動機や目的 ——————————————————— 148
　　6.3.2　プログラムの感想 ————————————————— 151
　　6.3.3　プログラムがきっかけになった活動 ——————————— 153
　　6.3.4　プログラム修了後の活躍 —————————————— 154

第7章　佐賀大学コンテンツデザインコンテスト ——————————— 157
　7.1　コンテスト開催までの経緯 ——————————————— 157
　7.2　コンテストの企画運営 ————————————————— 160
　　7.2.1　佐賀大学コンテンツデザインコンテスト ————————— 160
　　7.2.2　特別講演の開催 —————————————————— 166
　　7.2.3　広報活動 ———————————————————— 166
　7.3　コンテスト実施と大学教育 ——————————————— 168
　7.4　振り返りと今後に向けて ———————————————— 170

第8章　社会への接続 — 173
8.1 市民映画制作 — 173
8.1.1 シネリテラシーとは — 173
8.1.2 本実践とシネリテラシー — 174
8.1.3 実践概要 — 175
8.1.4 実践結果と考察 — 178
8.1.5 まとめ — 180
8.2 日韓若者映像キャンプ — 182
8.2.1 実践概要 — 182
8.2.2 実践結果と考察 — 185
8.2.3 まとめ — 190

第9章　デザイン思考　−新たな展開の芽− — 191
9.1 デザイン思考 — 191
9.1.1 デザイン思考とは — 191
9.1.2 デザイン思考隆興の背景 — 192
9.1.3 デザイン思考プロセスの特徴と共創 — 193
9.2 教育：アントレプレナーシッププログラム — 194
9.2.1 佐賀大学全学教育機構インターフェース科目 — 194
9.2.2 アントレプレナーシッププログラムの概要 — 195
9.2.3 日韓デザイン思考プログラム — 197
9.3 実践：国際・産学・地域・学際連携による地域社会での0→1 — 207
9.3.1 地方における「場」のデザイン・マネジメントの必要性 — 207
9.3.2 国際産学地域連携デザイン思考プログラム@有田 — 208
9.4 デザイン思考プログラムにおけるデジタル表現の役割 — 210
9.5 佐賀大学デザイン思考研究所 — 211
9.6 おわりに — 212

付録A　佐賀デジタルミュージアムの構築 — 217
付録B　佐賀大学デジタルコンテンツ・クリエーター育成プログラム — 223

あとがき — 231

就業力を育む
デジタル表現技術者養成プログラム
― 創造的表現力を重視したアクティブ・ラーニングの実践 ―

第1章　大学教育に求められているもの

1.1　主体的学びを促進する大学教育環境の構築[1]

1.1.1　全入時代を迎えて

　我が国の産業基盤を立て直すためには，まず教育の質的向上が必要であろう。少子化による全入時代の到来，地域コミュニティの衰退，新興国の台頭による競争激化，さらに東日本大震災が追い討ちをかけ，我が国の教育状況はますます悪化し，予測不可能な事態に陥っている[2]。金太郎飴に例えられる均一の人材を育てることをモットーとする戦後教育が，我が国の近代化に寄与したことは間違いないと思われるが，戦後教育からの脱却の必要性が問われて久しい。

　我が国の人口分布を見ると，1999年には約155万人だった18歳人口は2014年には約37万人減の約118万人まで減少した。大学・短大への進学率を見ると，1999年には約49％が，2014年には約8％増加して約57％に達している。進学率が50％を超えると，大学さえ選ばなければ，希望者はだれでも進学できることになるので，全入時代と呼ばれる。全入時代を迎え，多様な入学選抜試験により，学力や学修意欲の低い学生も入学してくるようになってきた。特に，ここ10年間に中間レベルの高校生の学習時間は半減している。

　その一方で，社会はグローバル市場で活躍できる人材が求められている。国内市場も頭打ちになり，海外市場に力を入れる企業が増えてきている。そのような大きな変貌を遂げた経済社会において，学士力や就業力が低いまま大学を卒業し，グローバル社会で活躍できない人が増えてきていることは大きな社会問題になっている。その主な原因は，大学に入学したものの学ぶ意欲が低く，学修時間も欧米に比べて著しく短く，単位に担うだけの学修をしないでも卒業

できる環境にあることである。そこで，アウトカムの向上を図るために学修環境の改善による「教育の質の保証」が求められ，その一つとして「単位の実質化」が強く推奨され始めた。

単位の実質化では，1単位が授業時間を含め45時間の学修時間を前提に設定されたものである。それを実現することを前提に履修登録できる総単位数の上限を制限したのがCAP制度である。CAP制度を導入すると1年間または1学期に取得できる単位の上限が設けられるために，履修登録できる科目数が制限され，CAP制度を導入しただけで教育方法を改善しないままであれば，学生にとって増えた課外時間はそのままアルバイト等の学業以外の時間になるのではないかと懸念される。

一方，ただ長いだけの学修時間を確保することよりも，短くても集中できる学修時間の確保も重要であるので，学修時間に拘らないというID (Instructional Design) の考え方も当を得ている[3]。教育には「教わる」，「学ぶ」，「教える」の三つの要素がある。俗にある知識を学ぶとき，その知識全体を100とすれば，一方的な講義では20，議論しながら学んだ場合（双方向学修）は50，教える側にたてば80以上の理解度になるとも云われている。それならば，「教える」から「学び合う」，「教え合う」への教育（学修）の質の転換が必要である。そのような教育方法として，アクティブ・ラーニングやピア・ラーニングが最近注目されている。これを大学教員の授業力量形成のために，どのように効果的に利用できるようにするかの実践的研究が行われている。

1.1.2 アクティブ・ラーニング

アクティブ・ラーニングとは能動的な学修である。演習，実験，実習，野外調査等もその一つであり，これらを一般的アクティブ・ラーニングと呼ぶ[4)5)]。最近注目されているアクティブ・ラーニングは，高次のアクティブ・ラーニングと呼ばれる[5)]もので，教室内の授業（講義）を能動的にした課題研究型授業，クリッカー等を用いて逐次フィードバックさせる学生参加型授業，各種の共同学修を取り入れた授業（協調学習／協同学習），問題発見・問題解決させるPBL

（Problem Based Learning）を取り入れた授業，さらに予習とミーティングを併せた LTD（Learning Through Discussion）話し合い学修法など[6]がそれに相当する。アクティブ・ラーニングは単に双方向であるというだけでなく，小グループワーク等で学生が主体的に意思決定を行うことに意義があるとされている。

　先輩格の学生がグループワーク等に入ることにより，学生同士で活発に議論させ，主体的に考えて行動する力を与える。学生同士で教え合う学修は，ピア・ラーニング（ピア・サポート）と呼ばれる。これらを併用することにより，効果的な少人数教育，ゼミ式のグループワークが実現できる。このような教育方法の有効性は数多く立証されている[4]。アクティブ・ラーニングの学修効果を評価できるシステムを構築するために，その効果が測定できる尺度やルーブリックの確立が必要である。

　このようにアクティブ・ラーニングは少人数のグループワークが基本となるために，大人数授業では困難な場合が多く，また学生に主体的に考えさせ，振り返りながら学修させる訳であるから時間がかかることになる。また少人数クラスになると，多くのクラスに分けて教育することになるので，共通のシラバス，テキスト，ティーチングノート（指導案）[7]なども必要になる。

　さらに，アクティブ・ラーニングを補完するために座学やeラーニング等における知識学修を活かそうとすると，カリキュラムの構成が問題になる。そのようなカリキュラムを実践するには，教員のみでは限界がある。つまり，アクティブ・ラーニングやピア・ラーニングは手間や時間を要するので，職員（事務職員）や学生の協力がないと全学的に拡がり難いと思われる。これまで大学では教職と事務職に大きな隔たりがあり，教務関係の担当であっても，職員の仕事は，学生の教育そのものに関わるのでなく，カリキュラムやシラバス整備等の単純な支援でしかなかった。最近，教職協働の役割についての重要性も認識され始めている[8]。極端ではあるが，シラバス作成は教員のみに任せるのでなく，職員も一緒になって作成すべきであろう。面倒見の良い大学を実現するためには，シラバス通りに授業を行い，それが実施されたか否か，またはシラバスそのものを改善する必要があるか否かを事務的にも判断できるPDCAサ

イクルを有効活用したシステムの確立も必要であろう。

1.1.3 教授法の質の変遷

少子化に伴い全入時代が訪れた今，教員は従来の教養教育や専門教育だけでなく，共通認識を持って入学前教育，リメディアル教育，初年次教育等に取り組まなければならない[9]。これまで，「教員の責任をほとんど問わない教育改革」，「教員側の都合に応じた教育改革」が行われてきたが，「学生のための教育改革」，「教員の質を変える教育改革」への本格的な転換を社会は求めている。また大学教員個人の授業研究から，大学全体の共有教育研究が求められている。

FD（Faculty Development）は，ミクロ・レベル（授業・教授法の改善），ミドル・レベル（カリキュラム改善），マクロ・レベル（組織改革）の3層に分けてとらえることができる[10]。第2章以降に示す「デジタル表現技術者養成プログラム」の事例は，ミクロ・レベルのFDだけでなく，ミドル・レベルのFDにも踏み込もうとしたが，学生の主体的学びを促進するようなカリキュラム改善までには至っていない。ミクロ・レベルやミドル・レベルのFDに留まらず，実質的な組織改革（マクロ・レベル）も伴わなければ，効果的な教育改革を達成することは困難であるようである。

高校までの教育目標は，決められた範囲の知識獲得であった。大学教育の目標は，人格の形成と専門知識の修得である。学修目標を設定し，物事の状況を理解し，自分なりに判断し，問題を解決する力を身につけることである[11]。当然，大学では高校まで学んできたことを前提に授業が進められる。

学生が主体的に学修できない状況に陥ったのは，アルバイトやサークル活動などだけが原因ではない。それまで学生同士が議論する機会がほとんどなかったこと，議論する術を知らないこと，また大学や教員もそれを打破する術を持たないことなども原因している。

大学教員は，小・中・高校の教員と異なり，教員免許を取得しているわけではない。それだけに，大学教員は個々に「授業力量を養うプロセス」をもっと研究し実践していくべきである。学生が主体的に学ぶ環境は，教員が教授法や

教育方法を主体的に修得するところから始まる。「教えない」教育方法にもいろいろある。評判のよい授業をしている教員にその理由を聞くと、「授業では何も教えていない」という返事が返ってくることがあるが、実は学生に主体的に学ばせる術を心得ており実践しているのである。

アクティブ・ラーニングやピア・ラーニングは、学修量やその質を考慮しながら全学的に活用しなければならない。そのための教員の支援体制が必要である。すなわち、学修環境やカリキュラムをデザインする力、教員、職員および学生の組織を授業に活かす力、教室空間も再設計してアクティブ・ラーニングに対応した空間にする力、さらにはアクティブ・ラーニングに対する効果を測定する尺度やルーブリックを開発・利用する力などを持つ教員や職員が必要である。このよう能力を持つ教員や職員をいかに育てるか、また適材適所に配置できるかが、大学の教育改革の鍵になると思われる。また、ICTを充分に活用してアクティブ・ラーニングやピア・ラーニングを展開してこそ、これまでに果たせなかった教育改善が可能になると期待される。

1.2 大学教育を主体的学びの場にするために

「学び」は、困難な状況に立ち向かう一人の人間の姿としてイメージできる。「学び」とは、本来、主体的なものである。まず、主体性の成り立ちについて振り返ってみる。

1.2.1 「主体性」の成り立ち

主体としての自己は、根源的に対人的コミュニケーションから成り立っている。ブルーマは、「シンボリック相互作用論」の中で、「人間は自分自身と相互作用する」と述べている[12]。なぜなら図1-1に示すように、自己の形成は、幼少期の赤ん坊と養育者の関係に始まり、様々な他者との関係性によって成り立っていくからである。

赤ん坊と養育者との相互作用は、自立する方向へと自己形成を促す。自己形

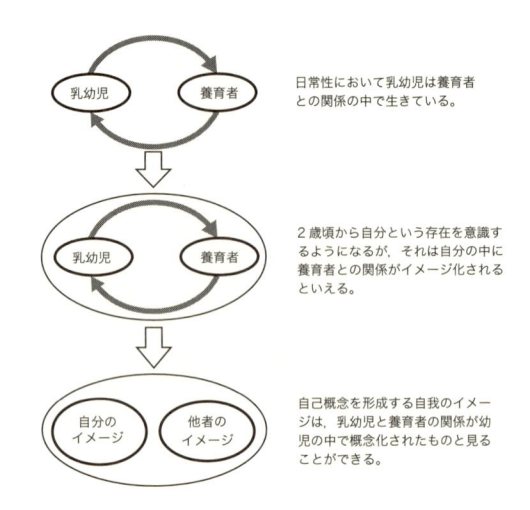

```
┌─────────────────────────┐
│  乳幼児 ⇄ 養育者          │   日常性において乳幼児は養育者
│                         │   との関係の中で生きている。
└───────────↓─────────────┘

┌─────────────────────────┐
│  乳幼児 ⇄ 養育者          │   2歳頃から自分という存在を意識す
│                         │   るようになるが，それは自分の中に
│                         │   養育者との関係がイメージ化される
└───────────↓─────────────┘   といえる。

┌─────────────────────────┐   自己概念を形成する自我のイメー
│ 自分の    他者の          │   ジは，乳幼児と養育者の関係が幼
│ イメージ  イメージ         │   児の中で概念化されたものと見る
│                         │   ことができる。
└─────────────────────────┘
```

図1-1 乳幼児と養育者の関係によって形成される自己概念

成とは他者との相互作用の拡張とも考えることができる。このように「生きる」こと自体が他者との相互作用であるということは，生きる力を育む「学び」の場で働く力とは，他者との相互作用であるということができる。従って「学びの場」とは，他者との関係過程を中心に構成された環境ということになる。

　主体性は，知識や経験ではなく，個人の性格やものごとのとらえ方に関わるものである。そうであれば幼少期の育て方によるものではないだろうか。幼児期から子どものものの考え方を育てることが主体的学習の基本であると考える。幼少期に形成される人格形成の中に主体性に関わる重要な要素が含まれており，それは個々人の性格を形成するものかもしれない。

　リップマンは，1974年にモンクレア州立大学内に「子どものための哲学推進研究所（IAPC）」を設立し，「子どものための哲学」の創始者として現在に至るまで大きな影響を与えている[13]。リップマンは，教育改革は，教育の本質を踏まえない教育システムの改革によって常により悪くなると述べて本質的な教育デザインの改革を主張した。小学校に入る前から「私とは何か」，「人間とは何か」，「共同体とは何か」，「自由とは何か」，「正義とは何か」などの人間

の生活に必要不可欠な基本的な概念を自分なりに考えることの重要性を述べている。

そうであれば，「主体的な学び」は，大学教育からではすでに遅いように思える。ただし，我が国の小学校の教室を参観するとわかるように，実は児童は活き活きと活動している。それにもかかわらず，中学校，高等学校へ進むと活発さは減っていくようである。それには，発達課題や学習環境などの問題を孕んでいるのであろうか。

生徒を取り巻く学習環境として高等学校入学試験および大学入学試験の特性を考えてみる。これらは，学習指導要領に則して作成された文部科学省検定の教科書を用いた授業を受けた生徒が，受験に必要な教科を勉強するように仕向けられる。中学校または高等学校では受験に備えて必要な内容をもれなく授業で取り上げることになる。

文部科学省は，「新しい時代にふさわしい高大接続の実現に向けた高等学校教育，大学教育，大学入学者選抜の一体的改革について（案）」[14]の中で，「・・・今の子供たちやこれから生まれてくる子供たちが，十分な知識と技能を身に付け，十分な思考力・判断力・表現力を磨き，主体性を持って多様な人々と協働することを通して，喜びと糧を得ていくことができるようにすること」と述べ，『本答申における「学力」とは，・・・，「基礎的な知識及び技能」，「それらを活用して課題を解決するために必要な思考力，判断力，表現力等の能力」，「主体的に学習に取り組む態度」という，三つの重要な要素（いわゆる「学力の三要素」）から構成される「確かな学力」のことを指す』として，学力の中に，「主体的に学習に取り組む態度」を含めている。

これに対する現状の問題として，『しかしながら，我が国が成熟社会を迎え，知識量のみを問う「従来型の学力」や，主体的な思考力を伴わない協調性はますます通用性に乏しくなる中，現状の高等学校教育，大学教育，大学入学者選抜は，知識の暗記・再現に偏りがちで，思考力・判断力・表現力や，主体性を持って多様な人々と協働する態度など，真の「学力」が十分に育成・評価されていない』として高等学校教育，大学教育および大学入試の改革を進めようと

している。

　先に述べた国内における保育園，幼稚園またはこども園等を対象にする「子ども哲学」の考え方を延長して，小学校，中学校，高等学校および大学までの一人の人間の認識の拡大とその個人としての成長を考えるときに，幼児期から「自分で考える」教育をどの程度受けるかは，後々大きな差となって表れると思われる。小学校から高校生までの約12年間の教育の質的な違いは明らかに児童・生徒のものの考え方・捉え方に大きな違いを生じさせるであろう。もちろん，学校教育だけが決定的に個人の思考方法に影響を与えるものではなく，家庭環境，地域環境，社会情勢などが大きく影響を与えることは，人間一人ひとりが異なる考え方を持つことを鑑みれば自明のことである。

　それにしても基本的な学校教育の子どもへのかかわり方の積み重ねは，「主体的」な人間を育てることに基本的に影響を与えることになる。どの段階から始めても決して遅くはないが，早い方が，そして長い期間の方がより効果は大きいであろう。それはまるでグラフの立ち上がり曲線のように，早い段階からの立ち上がりは他を大きく引き離すことになるかもしれない。もしそれを学校教育が取り組んだら社会全体の構造を変える位の基盤をつくり出せることが期待できると考える。

1.2.2　「学び」の状況

　「学びとは，避けては通れない状況である」[15]とは，茂呂雄二氏が講演で語った言葉である。ここから「学び」を生み出す教育とは，学びのための環境づくりである考えて，学生に避けて通れない状況をつくることが教員の主な仕事であると捉えられる。

　生涯学習の考え方では，人が生まれてから死ぬまでの全体で「学び」を捉えている。多くの人にとって大学教育は，職業に就くための最終学歴である場合が多いが，その職業に就いてからが本当の「学び」が始まるとも言える。そのための準備として大学教育を組み立て直すことが必要であろう。この「学び」の場としての学校については，様々な教育理論が展開されている[16]-[18]。

大学における授業は，様々な教育関連の施設・設備で教員と学生が「学び」に関わってコミュニケーションを行う活動場面である。多くは教室で行われる講義が多いが，これは教員が話したり，板書やスライドで説明したりするだけの15回の連続講演のようなもので，教員の力量と学生の受講意識の高さに依存するところが大きい。近年，大学の講義に対する学生の受講動機づけの低下によりリメディアル教育の必要性も高くなってきている。このような状況で大学教育における「学び」とは何かという基本的な問いに答えるためには，大学教育の授業構成を再検討する必要がある。

　学生が自己教育力を向上するためには，生涯設計のなかでの現在の位置づけを明確にすることが重要であることに気づかせる必要があり，そのためには，「なぜ学ぶのか」ということを自分なりに意味づけを持たせる必要がある。

　そのために，授業で提示する課題や質問には，明確な答えがないもの，様々な状況の中で様々な答えがあるものを提示する。このことで高校までの問題と解答が一対一の関係であるものを否定させる。人生の選択は多様性に満ちており，諸条件の中で自分自身の答えを見つけることが重要であることに気づかせる。学修の主体は，学生であり，教員は学修の環境をつくることが仕事であると言える。

　文部科学省の用語集[19]によれば，アクティブ・ラーニングとは，「教員による一方向的な講義形式の教育とは異なり，学修者の能動的な学修への参加を取り入れた教授・学習法の総称」としている。具体的には学修者が，認知的，倫理的，社会的能力，教養，知識，経験を含めた汎用的能力の育成を図るための能動的な学修であり，その手法としては，発見学習，問題解決学習，体験学習，調査学習，さらに教室内でのグループ・ディスカッション，ディベート，グループ・ワーク 等が有効であるとしている。主体的な学修を重んじるアクティブ・ラーニングにおいては，主体性の意味を正しく理解することは重要である。主体性とは，自ら思考し，判断し，行動を起こす状態である。

　文部科学省の「新たな未来を築くための大学教育の質的転換に向けて」（答申案）[2]では，「学生の主体的な学修を促す具体的な教育の在り方は，・・・学

生に授業のための事前の準備（資料の下調べや読書,思考,学生同士のディスカッション,他の専門家等とのコミュニケーション等），授業の受講（教員の直接指導,その中での教員と学生,学生同士の対話や意思疎通）や事後の展開（授業内容の確認や理解の深化のための探究等）を促す教育上の工夫,インターンシップやサービス・ラーニング,留学体験といった教室外学修プログラム等の提供が必要である」とし,さらに「教育を担当する教員の側には,学生の主体的な学修の確立のために,教員と学生あるいは学生同士のコミュニケーションを取り入れた授業方法の工夫,十分な授業の準備,学生の学修へのきめの細かい支援などが求められる」と述べて,新しい大学教育の姿を明示している。

1.3 佐賀大学における新しい教育実践の試み

1.3.1 地域創成型学生参画教育プログラム

佐賀大学では2005年から,地域創成型教育モデルを目指した「地域創成型学生参画教育プログラム」を実施した[20]。地域創成型教育は,一般的なアクティブ・ラーニングに高次のアクティブ・ラーニングを積極的に取り込んだ教育プログラムと言えよう。本モデルは今日の学生に欠けていると言われる課題探求力や問題解決力を養い,教育活動それ自体が地域を動かし,地域の再生に働きかける教育プログラムと位置づけた。教育成果の地域再生への活用を図るプロジェクト故に,教育のフィールドとしては,キャンパスを越えた佐賀県内外の地域に求めた。地域創成型学生参画教育プログラムのホームページを図1-2に示す。

このプログラムは,「空き店舗活用による中心市街地再生」,「棚田復田による農村再開発」,「資源循環型コミュニティ創成」,「未来の地域を支える子供の居場所創成」,「森-川-海を結ぶ環境教育のネットワーク構築による地域再生支援」,「地域創成IT情報システム開発」の6つのプロジェクトに佐賀大学の多数の教員の協力を得て実施した。

ICT（Information and Communication Technology）を活用することにより,

第1章　大学教育に求められているもの　13

図1-2　地域創成型学生参画教育のホームページ

学内から地域へ学生の学びの場の範囲を広げることも行った。例えば、「棚田復田による農村再開発」プロジェクトの授業の一環で棚田の遠隔観測が行えるようにした[21]（図1-3参照）。

6つのプロジェクトは、いまでは独立して発展的なプログラムとして継続している。「地域創成IT情報システム開発」プロジェクトは、「デジタル表現技術者養成プログラム」として発展し、創造的活動が可能な学生を育んでいる[22]。

(a) 田植え後8日目　　(b) 15日目　　(c) 22日目

図1-3　稲の成長をネット上で定点観測

1.3.2 「デジタル表現技術者養成プログラム」の位置づけ

　新しい大学教育に求められる修学方法に共通している視点は，学生の主体的な学びを創り出すことである。そこで「デジタル表現技術者養成プログラム」の開講科目(第4章4.1節の表4-1と表4-2参照)を見ると次のようなことが分かる。

　1年次および2年次の必修科目において，映像制作やプログラミング作成などの表現系の科目が基礎から応用まで組み込まれており，学生はデジタル表現の基礎を学びから，絵コンテやシナリオなどの構成力を身につけていく。

　「デジタル表現技術者養成プログラム」は，正規の主専攻を卒業するために必要な単位以外，いわば副専攻のカリキュラムであり，学生が入学するときに主体的に面接を受けて，教員と学生が互いに意思確認を済ませて受講する「全学共通の特定の教育プログラム」である。まさに学生の「学び」への主体性が前提となっている。

　このプログラムの授業の基本には，佐賀大学eラーニングスタジオが運営するeラーニングシステムによる教務支援で支えられており，学生は常にeラーニングシステムに掲示された情報によって能動的に動き，メールの送受信で情報を確認する。

　これはまさに前節で述べた文部科学省の「学生の主体的な学修を促す具体的な教育の在り方」そのものと言えるであろう。

引用・参考文献資料
1) 穂屋下　茂：主体的学びを促進する大学教育環境の構築, リメディアル教育研究, 日本リメディアル教育学会, 8-1 (2013/3), pp.1-4.
2) 中央教育審議会答申：新たな未来を築くための大学教育の質的転換に向けて～生涯を学び続け，主体的に考える力を育成する大学～, (2012/08/28). http://www.mext.go.jp/component/b_menu/shingi/giji/__icsFiles/afieldfile/2012/08/30/1325118_1_1.pdf　(2015/11/26 アクセス)
3) 鈴木克明：大学における教育方法の改善・開発, 日本教育工学会論文誌, 36-3, (2012), pp.171-179.
4) 河合塾編：アクティブ・ラーニングでなぜ学生が成長するか～経済系・工学系の全国大学調査から見えてきたこと～, 東信堂, 2011.
5) 溝上慎一：アクティブ・ラーニング導入の実践的課題, 名古屋高等教育研究, 7,

(2007), pp. 269-287.
6) 安永 悟：活動性を高める授業づくり－協同学習のすすめ，医学書院，2012.
7) 安藤輝次：学校ケースメソッドの理論，奈良教育大学教育実践総合センター 研究紀要 Vol.17 (2008/3), pp.75-84.
8) 福島一政：大学教職員の職能開発，中央教育審議会大学分科会制度・教育部会 第2回学士課程教育の在り方に関する小委員会, (2007/5).
9) 日本リメディアル教育学会監修：大学における学修支援への挑戦～リメディアル教育の現状と課題～，ナカニシヤ出版，2012.
10) 佐藤浩一：ミクロファカルティ・ディベロッパーという仕事（1）―ミクロ・レベルでの取組み―, IDE 現代の高等教育, (2008/5), pp.68-72.
11) 小原芳明監修：大学生活ナビ，玉川大学出版部，2006.
12) ハーバート・ブルーマー著，後藤将之訳：「シンボリック相互作用論―パースペクティヴと方法」，勁草書房，1991.
13) マシュー リップマン，フレデリック オスカニアン，アン・マーガレット シャープ著，河野哲也，清水将吾翻訳：子どものための哲学授業－「学びの場」のつくりかた－，河出書房新社，2015.
14) 文部科学省：新しい時代にふさわしい高大接続の実現に向けた高等学校教育，大学教育，大学入学者選抜の一体的改革について（案）～ すべての若者が夢や目標を芽吹かせ，未来に花開かせるために ～
http://www.mext.go.jp/b_menu/shingi/chukyo/chukyo12/shiryo/__icsFiles/afieldfile/2014/11/11/1353318_02_1.pdf （2015/11/26 アクセス）
15) 茂呂雄二：シンポジウム「コミュニケーションとしての学習：教えない学習環境は可能か？」，認知科学会教育環境のデザイン分科会，(2001/3/3).
16) 佐藤浩章編：大学教員のための授業方法とデザイン（高等教育シリーズ），玉川大学出版部，2010.
17) 安永 悟，須藤 文：LTD 話し合い学習法，ナカニシヤ出版，2014.
18) ピーター M センゲ，他5名著，リヒテルズ直子訳，「学習する学校－子ども・教員・親・地域で未来の学びを創造する」，英治出版，2014.
19) 文部科学省：「用語集」，http://www.mext.go.jp/component/b_menu/shingi/toushin/__icsFiles/afieldfile/2012/10/04/1325048_3.pdf （2015/11/26 アクセス）
20) 五十嵐 勉，大元 誠，長 安六，尾野喜孝，染谷 孝，穗屋下 茂，堀元 栄，村山詩帆：大学教育と地域創成～佐賀大学の教育実践～，佐賀大学地域創成型学生参画教育プログラム推進委員会編, (2008/3).
21) 穗屋下 茂，江原由裕，朴 逸子，米満 潔，角 和博，渡辺健次，五十嵐 勉：棚田の地域創成授業を支援する遠隔観測環境の構築，教育システム情報学会，第31回全国大会（大阪），B5-1, (2006/8), pp.215-216.

22) 古賀崇朗, 中村隆敏, 藤井俊子, 髙﨑光浩, 角 和博, 河道 威, 永溪晃二, 久家淳子, 時井由花, 田代雅美, 米満 潔, 田口知子 , 穗屋下 茂：就業力を育むデジタル表現技術者養成プログラムの実践, 全学教育機構紀要, 佐賀大学全学教育機構, 創刊号 (2013/7), pp.13-22.

第 2 章　デジタル表現技術者養成プログラム

2.1　背景と目的

　佐賀大学で開始された「デジタル表現技術者養成プログラム」は，表現対象を深く理解し，表現する能力を持つ創造的人材育成を行うものである。履修対象は全学の学生であり，所属学部の専門科目に加えて，このプログラムで開講する対面形式の講義・演習を受講する。必修科目は社会的ニーズの高い実技演習科目であり，本プログラムを受講した学生は，これからの高度情報化社会を創造するのに必要な先端的なコンテンツ創造技術を修得し，個人の専門領域とデジタル表現技術を組み合わせた新たな知的活動の担い手として活躍が期待できる（図 2-1）。

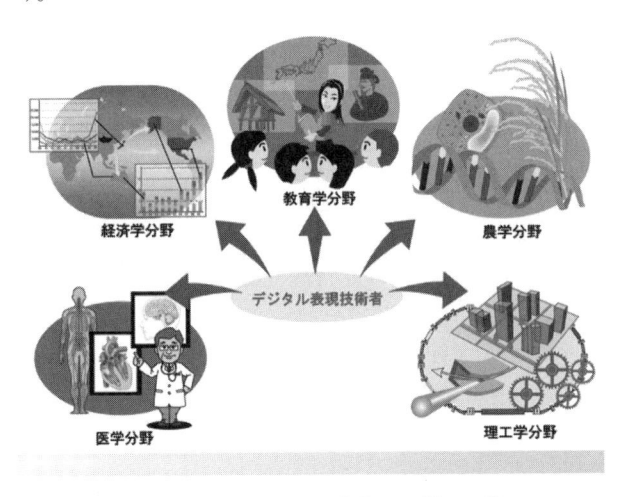

図 2-1　デジタル表現は多分野で利用可能

ICT 革命の進展に伴い，高度情報化社会に対応できるデジタル表現技術者の需要が急増しているが，人材は不足している。そのような中，佐賀大学で新入学生に対して全学部の学生が受講可能なデジタル表現技術者を養成する「デジタル表現技術者養成プログラム」を開設した。デジタル系，メディア系コンテンツクリエーターの育成に関しては芸術系，工学系の領域を包括しながら専門学校から大学院まで専門学部，学科として幅の広い教育が成されている。しかし，教養科目としてコンテンツ系の科目群を準備している大学は少ない。今後は，創造的な人材育成として本プログラムのような全学に開かれたデジタル表現技術を学べる機関が増えるだろう。

新しい表現領域であるデジタル技術を駆使したクリエイティブ作業は，工学的な知識とともにアート，デザインの感覚的な素養も身につける必要がある。そのために，まずデジタル表現技術者養成プログラムを継続していく中で重要な理論的，体系的基盤を検討する[1]。

2.2 デジタルによる表現とは何か

近年のコンテンツの進展はデジタル技術の発展と切り離しては語れない。しかし，デジタルという言葉のイメージは既存の表現メディアに対しテクノロジカルな印象から独特な感覚を持たれているのも事実だ。何となくデジタルは冷たくて近寄りがたく，アナログは暖かくて分かりやすいというイメージが一般的ではなかろうか。大辞林によると「デジタル【digital】 物質・システムなどの状態を，離散的な数字・文字などの信号によって表現する方式」と説明されている。

それに対するアナログは「アナログ【analogue】 物質・システムなどの状態を，連続的に変化する物理量によって表現すること」と説明されている。デジタルは何らかのメディアを一旦，数値に置き換えて必要な状態で再現できる技術であり，アナログは様々なノイズが混入しやすいため環境によって再現状態が変化するということである。例えば，アナログ形式のビデオテープを何回

もダビングするとノイズが含まれ画質が徐々に劣化していく。しかし，デジタル形式のビデオディスクをダビングしても基本的に数字の情報なのでオリジナルの状態が保てる。つまり，オリジナルとコピーの差異が生じない。さらに，このように数値化された映像や音声メディアは，基本的に0と1の情報なので自由に組み合わせることが可能である。写真や動画，イラスト，絵画，音声，音楽を一つのデータとして自由に組み合わせ一つの作品をつくりあげることが可能となる。素材をデータに変換することをデジタル化と呼ぶが，その中心になる道具が現在ではコンピュータである。このような制作方法はコンピュータが生まれる以前は不可能な技術だった。このようにデジタルによる表現は，一つの素材で完結せず，それらを組み合わせて表現することに長けていることが理解できる。また，コンピュータはデータを管理し記憶することが得意なので，センサーとビデオを組み合わせたインタラクティブな表現等を得意とする。さらにインターネットを中心に情報通信ネットワーク技術とも連動し新たな表現を模索するアーティストがデジタル技術を学んでいる。そこには，絵画のための運筆や絵具の材料を学ぶことと同様にデジタル表現を目指す者がデジタル技術を学ぶことは重要な手続きであることが理解できる。

2.3 デジタルとアナログ

ここでもう少しデジタルとアナログについて考えてみたい。一般的に「デジタル的なもの」では得られない手作りのぬくもり感を「アナログ的なもの」に感じると言う。むろん，この感覚は個人の世代，生活環境によって差異が生ずる可能性はあるが，近年のマスメディアや市民の会話から聞き取れる意味での一般的なイメージとして捉えている。図2-2は山間部の風景で，図2-3は海岸部を撮った写真である。自然の景観は昔から絵画の風景画のモチーフとなっている。図2-4はマンデルブロ（Benoît B. Mandelbrot）が提唱したフラクタル理論からなる図像である。自然物形状の自動生成のアルゴリズムとして用いられる有名な図像である。この図像の一部分を切り取り，さらにそれを拡大していく

と更に同じような図像が表現される。同様に図 2-5 の湾岸部航空写真の一部を大きく拡大しても同じような形状が見えてくる。

図 2-2　山間部風景

図 2-3　海岸部風景

図 2-4　マンデルブロ提唱図像

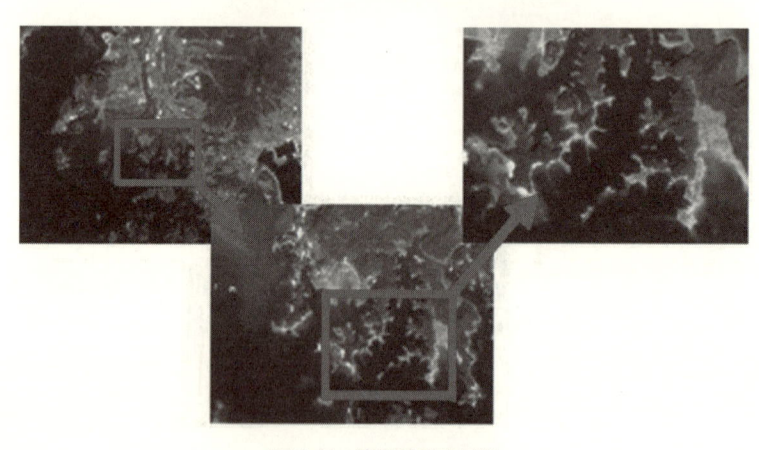

図 2-5　湾岸部航空写真

自然物は当然のことながら地球の物理現象に影響を受けており，それが形の生成に影響を受けている．それはアナログな現象であり，地域，風土によってそれらの生成状態は微妙に変化している．我々が自然の造形物やそれを表した絵画を見て癒されるのも太古の昔から祖先が見てきた DNA によって受け継がれた感覚かもしれない．しかし，これらのフラクタル画像や木々の発生シミュレーション画像は一定の数式やアルゴリズムによって生成されたものであり，デジタルによる表現とも言える．

　海岸線の航空写真が示すように自然もまた何らかの物理法則によって生成された造形物である．感覚的なものを抜きにすればアナログとデジタルは表裏一体のものであり，どちらともお互いを指し示すことができる．音楽の世界でいえば，西洋音楽の 12 音階は人間の聴覚範囲の音空間を 12 段階の規定に切り取ったデジタル的な発想と言える．ドとレの間に音は無限に存在するという発想はアナログ的と言えないだろうか．

　20 世紀末，電子楽器が開発されたからデジタルになったのではなく，歴史的に演奏技術としてデジタル的な方法が開発されており，12 音階を本来持たない東洋音楽では歌う人の調子に合わせたアナログ的な演奏技術が独自に開発されたとも言える．このように考えていくと世の中の事象はデジタル⟵⟶アナログという単純な図式では捉えられない．アートにおいても同様で工学を学ぶ学生がデッサンやアート表現を試み，芸術系の学生がプログラミングやコーディングを学ぶことに何ら違和感は生じない．大事なことは，自分が何をテーマにし，どのような表現をしたいのかしっかり思考することであり，そのためのツールとしてデジタル技術が必要ならばその技術を修得するということであろう．

2.4　マルチメディアとインタラクティブ

　デジタル表現の特徴として，マルチメディアとインタラクティブ（双方向性）があげられる[2]．これまで人間の五感を対象にして映像や音響のみでなく触覚，味覚，嗅覚など様々なメディアを用いた表現が行われてきた．それらはパフォー

マンスとして表現され，次々と実験的な作品が生み出された。コンピュータや情報通信ネットワークがそれを基盤とすることになり，デジタル化されたメディアはさらに多様な表現を可能にした。

　21世紀に入り，インターネット上で文字・画像・映像・音声などのマルチメディア情報が行き交うことが日常となり，誰もが高度情報化社会の中で生活することができるようになった。それは初期のコンピュータが大規模な計算やデータ処理を行うことが目的だったことに対し，人間のコミュニケーションを支援する機能に中心が変化してきたことを意味する。

　このように様々なメディアをデジタル処理することでマルチメディアの特質がさらに発展してきた。これまでは，文字情報と画像情報を一体化することは難しく，印刷媒体や映像媒体はその記録媒体も違うため同時に活用することは困難とされてきた。

　しかし，感性情報を「デジタル処理」することで映像や音声などが数値として一元化され，しかもそれらはコンピュータ上で加工，編集が可能になり新しいメディアとして再構築することが容易になった。今後，さらに情報通信技術の発展によりあらゆる感性情報がデジタルデータ化されれば，将来的には嗅覚，味覚，触覚なども統合的に扱え，伝送されることで新たなデジタル表現のメディアとして活用されることになるだろう。

　「インタラクティブ」とは人と人，人とコンピュータの間で情報が行き来することである。従来は情報が一方向性のみであったメディアが情報通信ネットワークによって情報の送り手と受け手の境がなくなってきた。今日，マルチメディアを用い誰もが情報を発信できるようになり，多元的な情報の表現が可能になった。重要な要素はインターフェイスとデバイスであり，現在のコンピュータに代表されるマウスとキーボードから，人の動作により情報を操作するマルチモーダルな表現，タンジブルインターフェイスなどより直感的な操作技術が開発されている。日常的に目にするのは家庭用ゲーム機であり，コンテンツそのものとインタラクティブ技術をどのように融合していくのかもデジタル表現にとって大事な要諦となっている。このようなマルチメディアに代表さ

れるデジタル技術とインターネットに代表される情報通信技術が結びつくことにより，ユビキタスネット社会という新しい情報社会が出現しつつある。このことは，人間の情報社会環境を大きく変容させており，生活基盤，産業構造，さらに文化や芸術にも多大な影響を与えている。

2.5 デジタル表現力を育むプログラムの開発

デジタル表現におけるテクノロジーを基盤とした表現技術への積極的な活用や応用は，そのままデジタル表現技術のカリキュラムに反映できるだろう。そこで表現することは特定メディアのみに精通することではなく，その技術の吟味であり，カスタマイズでもある。デジタル環境になってそのような作業が可能となってきた。

そこで，それぞれの学部専門を修得しながら，同時に高度情報化社会に対応できる学生を輩出するために，クリエート能力を身につけることのできる「デジタル表現技術者養成プログラム」の開発を試みた。質の高い教育の一つとして，表現能力の豊かな創造的人材育成を目指す本プログラムは，2008年度の文部科学省「質の高い大学教育推進プログラム*」に採択された。各学部で専門分野を学んでいる全学生にデジタル表現技術を修得する機会を提供し，表現する対象を深く理解し，創造的な表現ができるデジタル表現技術者を養成することを目的としている。

本プログラムは，必修科目16単位（8科目）と選択科目8単位（4科目）で修了要件を満たす。選択科目は10科目程度開講している。必修科目は主にクリエート能力を身に着け，選択科目は協同学習などの教育手法も導入して，自立した主体的学びを基本コンセプトとしている。大学教育で必要である学士力として問われている実践力，コミュニケーション力，協調性などが育まれる。デジタル表現という新しい学修プログラムが多くの学生に学士力を高める学びの方法として認知される可能性がある。また，すべての科目においてLMSの機能を利用して学生との連絡や課題提出等を指示している。

本プログラムは，自分の進路として21世紀型の知的コンテンツ産業界を視野に入れている人やデジタル表現技術を自分の研究領域に活用したい人，さらには，アートやデザインという能力を新しい表現分野で開花したい人に開かれる全く新しい学修プログラムである。自分の専門学部以外にデジタル表現技術者養成プログラムを受講して得られる活用分野の例を右頁に示す。

　コンテンツ文化や知的産業人材育成としてデジタルコンテンツを作成できる人材育成は急務とも言える。現在の映像を中心としたコンテンツ人材育成は映画やデジタル表現など歴史的な背景，情報通信技術との関連性，現在までつながる映像文化の文脈などを体系的に学修できるプログラムが必要である。

　本プログラムはアクティブ・ラーニングの先行事例となり，自分の進路として21世紀型の知的コンテンツ産業界を視野に入れている人やデジタル表現技術を自分の研究領域に活用したい人，さらにはアートやデザインという能力を新しい表現分野で開花したい人に開かれる全く新しい学修プログラムとなっている。

＊「質の高い大学教育推進プログラム（教育GP）」とは

　各大学・短期大学・高等専門学校等（以下「大学等」）が実施する教育改革の取組の中から，優れた取組を選び，支援するとともに，その取組について広く社会に情報提供を行うことにより，他の大学等が選ばれた取組を参考にしながら，教育改革に取り組むことを促進し，大学教育改革をすすめる。この「優れた取組」を「Good Practice」（略して「GP」）と呼ぶ。

　「質の高い大学教育推進プログラム」は，大学設置基準等の改正等への積極的な対応を前提に，各大学・短期大学・高等専門学校から申請された，教育の質の向上につながる教育取組の中から特に優れたものを選定し，広く社会に情報提供するとともに，重点的な財政支援を行うことにより，我が国全体としての高等教育の質保証，国際競争力の強化に資することを目的とする。2008年度は，大学・短期大学・高等専門学校を対象に公募を行い，488大学等から939件の申請を受け付けた後，独立行政法人日本学術振興会で運営される「質の高い大学教育等推進事業委員会」にて審査が行われ，148件の取組が選定された。

佐賀大学の5つの学部学生に期待される活用分野の例

【文化教育学部】
教育方法や教授法，教材制作，ICTを用いた授業設計等
　マルチメディアは，子どもに学習を理解させるのに必要な道具になる。国語，英語，数学，社会，理科等の授業で静止画，動画やアニメーションなどが自由に利用でき，理解させる能力が高まる。

【経済学部】
統計データ解析の図示化，地域経済学の情報分析等
　金融・市場・経済の動向，物流のマーケティング等のシミュレーションなどの表現能力が養われ，世界的に活躍する場が広がる。また，地域経済の情報分析やコンテンツビジネスのプロデュース力育成に繋がる。

【医学部】
人体構造のCG化，Web技術と医療技術との連携等
　内臓・骨格・神経等をリアルなグラフィックスやアニメーションで表現し，症例や治療方法等を分かりやすく表現できるようになる。また，遠隔医療システムのインターフェースデザイン開発も期待できる。

【農学部】
バイオテクノロジーや遺伝子工学のイメージ化等
　生物の細胞，遺伝子の構造，作物の病害虫の標本作成など，知識を伝授するための表現能力が養われる。また，作物の産地から消費者への育成情報の表現が可能となる。

【理工学部】
マルチメディアによる研究深化，先端技術と表現作法等
　都市設計における景観，構造物や機械の強度設計等のシミュレーションの表現が豊かになる。目に見えない力，磁力およびナノメーターのミクロな世界等を，理解できるように伝えることができる。

引用・参考文献資料

1) 中村隆敏,角 和博,穗屋下 茂,髙崎光浩,大谷 誠,藤井俊子,古賀崇朗,永渓晃二,久家淳子,時井由花,河道 威,米満 潔,原口聡史,本田一郎,梅崎卓哉:デジタル表現技術とメディアアートの関連性に関する一考察,佐賀大学文化教育学部研究論文集,第15集,第2号(2011), pp.63-75.
2) 西原清一(著)・久保田浩明(編集):マルチメディアと情報化社会 〜ユビキタスネット社会に向けた環境・技術・ビジネスの変化 〜, CG-ARTS協会, 2006.

第 3 章　学修環境

3.1　演習環境の整備

　本プログラムの必修科目での演習活動において，プロのクリエーターが実際に業務で使用する高度なソフトウェアやハードウェアは，履修生にとってもなくてはならないものである。本プログラムを開始するにあたり，佐賀大学の既存の設備では対応できないため，文化教育学部の情報処理室の設備を拡張する形で，2008 年度末に演習専用のコンピュータ端末（iMac）や関連ソフトウェアを導入した[1]。

　この時点では，コンテンツの制作を行いやすいようにとの配慮で，画面が大きい 24 インチのモニターを持つコンピュータ端末を整備したが，学生の視界が遮られてしまい，後方の座席から教員や黒板（スクリーン）が見えにくく，学生からも改善の要求があった。教室の広さや形状に応じたコンピュータ端末を選択することが大事であることが分かった。

　また，本プログラムの開始当初は最新版であったこれらの設備も，導入から 5 年以上が経過すると，アップデートがリリースされていないソフトウェアもあり，Mac であってもセキュリティの面で不安があった。また，モニターやハードディスクが故障して使用できなくなった端末も出始めたため，2014 年度末に演習用端末のリプレイスを行った（図3-1）。

　さらに，本プログラムでは，映像や

図 3-1　演習室の様子（2015 年度）

音声を使ったコンテンツ制作に欠かせない，映像や音声収録演習用のビデオカメラやマイクなどの機器を導入している。その他にも，B0 サイズの用紙まで出力可能な大判プリンタや，ADF（Auto Document Feeder）付きのネットワークスキャナを整備し，学生の学修意欲を高め，実践に即した演習環境の構築を目指した。以下では，2014 年度末に整備した演習用の機器やソフトウェアの詳細，運用時に実施した方策等について記述する。

3.1.1 演習用コンピュータの整備

表 3-1　学生用端末の性能（2015 年度）

項目	詳細
モデル	Mac mini (Late 2014)
OS	Mac OS X v10.10
CPU	2.6GHz デュアルコア Intel Core i5 (Turbo Boost 使用時最大 3.1GHz)
メモリ	8GB 1,600MHz LPDDR3 SDRAM
ストレージ	256GB フラッシュストレージ
グラフィック	Intel Iris Graphics

(1) 演習用端末

　2014 年度末に導入した演習用端末の性能を表 3-1 に示す。プログラム開始時の端末には iMac を採用していたが，2014 年度末に導入した演習用端末には Mac mini を採用した。Mac mini を 23 型の液晶ディスプレイの背面にマウントすることで，コンパクトですっきりとしたレイアウトになっている（図 3-2）。小型な分，他のデスクトップモデルと比べると特に CPU[2] は性能が良いとは言えないが，8GB のメモリにフラッシュストレージを採用することで，レスポンスが良く，画像編集や Web 制作，プログラミング，さ

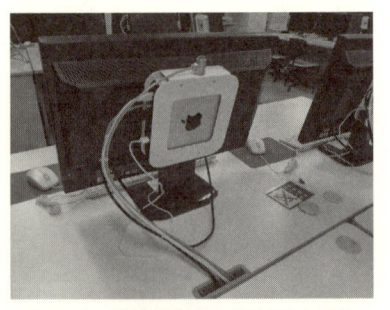

図 3-2　演習用端末（2015 年度）

らには映像編集でも HD（High Definition video）レベルの映像編集であれば，授業で使用する範囲では十分な性能である．

(2) 演習用ソフトウェア

演習用に導入したソフトウェアを表 3-2 に示す．演習室の端末に，画像や映像，Web の制作現場で広く利用されている Adobe Systems 社の Adobe Creative Suite[3] Master Collection や，3DCG 制作ソフトウェアとして Shade 3D 社の Shade 3D[4] をインストールした．Adobe Systems 社の CS（Creative Suite）Master Collection には，ベクトルグラフィックス制作ソフトウェアの Illustrator や，モーショングラフィックス制作ソフトウェアの After Effects，Web オーサリングソフトウェアの Dreamweaver など，それぞれの分野のコンテンツ制作において業界標準とされるソフトウェアが数多く含まれている．その他にも，セルアニメーション制作のための RETAS STUDIO[5] や，プログラミング表現の授業で利用する NetBeans IDE[6] など，必要に応じてソフトウェアを追加している．

表 3-2　本プログラムの演習で使用する主なソフトウェア（2015 年度）

No.	名称	バージョン	用途	科目
1	Illustrator	CS6	ベクトルグラフィックス編集	デジタル表現入門
2	Photoshop	CS6	ラスターグラフィックス編集	デジタル表現入門 Web 表現
3	Dreamweaver	CS6	Web オーサリング	Web 表現
4	Premiere Pro	CS6	映像編集	映像表現， アニメーション表現 デジタル表現修了研究
5	After Effects	CS6	2D アニメーション コンポジット	デジタルメディア・デザイン アニメーション表現 デジタル表現修了研究
6	NetBeans	IDE 8	PHP を用いたプログラミング	プログラミング表現
7	Flash Professional	CS6	Flash アニメ インタラクティブコンテンツ制作	アニメーション表現 デジタル表現修了研究
8	Shade 3D	15	3DCG モデリング・アニメーション・レンダリング	アニメーション表現
9	RETAS STUDIO	6	セルアニメーション制作	アニメーション表現 デジタル表現修了研究
10	3ds Max	2015	3DCG モデリング・アニメーション・レンダリング	デジタル表現修了研究

また，3DCG制作においては，修了研究等でのより高度な表現を求める学生のために，Autodesk社の 3ds Max や Maya など 3DCG やアニメーション制作ソフトウェアが含まれるパッケージである Autodesk 社の Autodesk Entertainment Creation Suite[7] を導入した。Entertainment Creation Suite には，映画やゲームでの 3DCG 制作によく利用される 3ds Max や Maya, MotionBuilder などのソフトウェアが含まれている。その多くが Windows 専用のソフトウェアであったため，別途 e ラーニングスタジオのコンピュータに整備した。

(3) 個人の認証やデータの管理

　教育の現場で多人数が同時に利用するコンピュータでは，個人の認証やデータの管理が特に重要な課題であり，家庭や個人でのコンピュータの利用とは大きく異なる点である。

　通常の教育機関のコンピュータ演習室ではシンクライアント端末を利用したシステム構成が多く用いられているが，特に映像編集の作業を頻繁に行う本プログラムでは，必ずしも有効な手段ではない。本プログラムで使用する演習室においても，開始当初は起動する OS のブートイメージをサーバ側で管理するネットワーク起動を用いたシステム形態で運用していた。しかし，ソフトウェアによっては，その方法に向かないものや，そもそも利用できないものもある。そのため，利用するソフトウェアに応じて起動方法の使い分けを行う必要があったが，その認識がなかなか定着しなかった。現在はネットワーク起動を利用せずに，通常のローカル起動する形で統一している。

　本プログラムで使用する演習室のコンピュータの個人認証には，本学総合情報基盤センターの LDAP (Lightweight Directory Access Protocol)[8] サーバによる認証を行っている。さらに，ネットワークホームディレクトリによるクライアント/サーバ環境の構築を行っている。ただし，映像編集などの場合，ネットワーク上のディレクトリを使った環境では，学生が一斉に作業することは困難であるため，映像編集時には端末のローカルアカウントも使用可能な環境とした。

　しかし，この場合でもアカウントの使い分けが面倒であることから，2015 年

度からは，認証はこれまでと同様に LDAP サーバで行い，ホームディレクトリはローカルのディスク上に作成する方法での運用を試行している。ユーザのデータが個々の端末に保存されてしまう点や，端末故障時のデータの損失への不安が課題ではあるが，これまでのようにソフトウェアによって起動方法や認証方法を使い分ける必要がなく，ソフトウェアも安定して動作するという利点がある。

　また，演習室内に作品データ用の簡易的なファイルサーバを設置し，授業で使用するデータの共有や提出，過年度生の作品データの参照ができるようにしている。演習用のコンピュータは，授業等で演習室が使われていない時には本プログラムの履修者が自習や課題作成等での利用ができるように，予約制で解放している。なお，ネットワークホームディレクトリを管理するファイルサーバについては，ストレージのパフォーマンスが低下したため，2013 年度に当初使用していた Xserve[9] から Mac mini と外付けの高速ストレージを組合せた環境に更新した。

3.1.2　プログラムで利用する映像や音声収録の機器

　本プログラムの課程において制作される作品には，動画を用いた作品も多い。その素材である映像や音声のデータを得るには，映像や音声の収録に様々な機器が必要となる。そのため，本プログラムでは DV カメラや小型のビデオカメラ，三脚，各種マイク，フィールドミキサー，ビデオライト，ビデオモニタ等，実際の制作業務でも使用される収録機器を整備した（表 3-3）。

　また，より良い動画コンテンツを制作するためには，その機器の持つ役割や特性を理解し，目的に応じて機器を使い分ける必要がある。例えば，マイクだけでも，ガンマイクやワイヤレスマイクだけでなく，インタビューマイクやボーカルレコーディング用のコンデンサーマイクを整備している。さらに，ジブアームシステムやステディカム等の特殊撮影機材も整備することで，簡単な ENG (Electronic News Gathering) [10] 収録から，映画の様な本格的な収録や複数台のビデオカメラを用いた USTREAM[11] を利用した中継にまで対応可能となった。

表 3-3 主な映像・音声収録機器

No.	名称	メーカー	規格	数量
1	DV カメラ	ソニー	HVR-Z5J	4
2	小型ビデオカメラ	ソニー	HDR-XR550V	5
3	三脚	リーベック	LS-55DV	4
4	ガンマイク	ロード	NTG2	5
5	ブームポール	ダイワ	MB264B	5
6	ワイヤレスマイク	ソニー	UWP-V1	5
7	フィールドミキサー	アツデン	FMX-42	3
8	レコーディング用マイク	ロード	NT2-A	5
9	インタビューマイク	シュア	SM63L	5
10	ジブアームシステム	リーベック	JB-30 HD パッケージ	1
11	ドリー	VF Gadgets	CMX-The Shooter Scooter	1
12	スタビライザー	グライドカム	HD2000 ＋スムースシューター	1
13	ビデオミキサー	ローランド	V-8	1
14	ビデオ・フィールドレコーダー	ローランド	F-1 ver.2	2
15	LED バッテリーライト	ソニー	HVL-LBPA	2
16	パワードスピーカー	ローランド	CM-30	2
17	ミキサー	ヤマハ	MG166CX-USB	2
18	屋外収録用液晶モニタ	ソニー	LMD-940W	2

3.2　学習管理システムの活用

　学修環境でのコンピュータの利用，特に PC（パーソナルコンピュータ）や学外へのネットワーク接続の普及に伴い，「e ラーニング」と呼ばれる学修形態が大学教育でも広く活用されている。この e ラーニングを実現する際に必要となる機能を総合的に提供するシステムが，「学習管理システム（Learning Management System），略して LMS[12]」と呼ばれるものである。佐賀大学では，「ネット授業[13]」をはじめとする各種の e ラーニングを展開しているが，世界中の大学等で広く利用されるオープンソースのシステム「Moodle（Modular Object-Oriented Dynamic Learning Environment）[14]」を使い，佐賀大学の教員なら誰でも利用できる「科目履修サイト」を立ち上げ，デジタル表現技術者養成プログラムの教育にも活用している。

　本プログラムのすべての必修科目では，LMS を活用して講義資料の配布，連絡，課題の提出，VOD（Video On Demand）型補助教材の配信，質問調査，

時間外でのコンピュータの利用申請などに利用している．また，本プログラムの選択科目には，ネット授業の科目のほか，LMS の教員権限での利用方法について学ぶ科目「教育デジタル表現」もある（4.3.3 節参照）．通常は編集権限を持たない「学生権限」として LMS を利用している学生達だが，「教育デジタル表現」では，科目専用に立ち上げられた LMS に「教員権限」として登録され，実際に LMS のコースを設計して教材を制作する．以下では，本プログラムにおける LMS の活用方法について記述する．

3.2.1 システムの構成

通常，LMS は「Web システム（World Wide Web を利用するコンピュータシステム）」として構築され，LAN（Local Area Network）やインターネット環境にて利用可能となる．そのハードウェアの基本構成は，Web サーバとデータベース・サーバの 2 種類であり，運用時には別々のサーバ用コンピュータに分離した形態をとることが望まれる．

システムを構成する基本的なソフトウェア群として，サーバの実行環境である OS（Operating System）は，Linux 系の CentOS とし，Web 機能を提供する Apache，データベース機能を提供する MySQL，Moodle の実行環境である PHP のプログラム群から成る．これは，それぞれの頭文字をとり「LAMP 環境[15]」と呼ばれるオープンソース環境であり，現在はこの形で運用している．

最近は，サーバ運用や移行を容易にするため，特に省電力・省スペース対応のために「仮想サーバ環境[16]」での運用が多くなっている．そこで，2010 年から毎年 2 回のバージョンアップを繰り返し，2016 年度からは，安定してきたクラウド構築基盤であるオープンソースの OpenStack[17] を利用して，科目履修用サイトを仮想サーバ（仮想インスタンス）の形に移行して稼動させる予定である．

3.2.2 コースの種類と使い分け

Moodle は，コース単位（科目単位）に学修活動を定義・構成するため，「コー

ス管理システム（Course Management System）」とも呼ばれる。本プログラムの必修科目で使用するMoodleは，対面授業の補助として活用するものであり，システム上で履修のすべてが完結する「ネット授業」とは運用の目的や形態が大きく異なる。そのため，「ネット授業」とは別サーバ上に立ち上げた「科目履修用サイト」と呼ばれる学習管理システム上で，本プログラムに関係するコースの運用を行っている。

　科目履修用サイトには，本プログラムにおける各必修科目のコースや，履修開始年度毎の連絡用コース，修了研究着手した学生も含むプログラム履修者全員が登録されているコースを作成し，連絡等に活用している（表3-4）。各必修科目のコースでは，各科目での連絡や課題の提出等に利用している（図3-3）。履修開始年度毎のコースでは，年次修了時のアンケートなど，科目に関係のない履修開始年度をグループとする連絡や提出に活用している。同様に，全体を対象とした連絡や提出等には，全履修者を対象とするコースを設けている。また，その他にも，公開されている資格取得対策用過去問を利用したeラーニング補助教材を制作し，本プログラムの履修生に資格取得のための学習の機会を提供している。

表3-4　コースの種類と用途

コースの種類	用途	活用例
各必修科目単位	各科目での連絡や提出など	・各科目単位での連絡 ・各科目単位での課題 ・各科目単位で実施するアンケート
履修開始年度毎	科目に関係のない連絡や提出など	・年次修了時のアンケート
プログラム全体	プログラム全体に対する案内や演習用端末の利用申請など	・演習用端末の利用申請 ・プログラム全体に対する案内
資格取得対策	自学自習による資格取得対策（授業や単位とは関係しない）	・ITパスポート試験 ・基本情報技術者試験

3.2.3　学習管理システムで提供する機能

　学習管理システムでは，(a) 教員が提供する学修資料・教材や演習問題等を作成，構成，提示する機能，(b) 学生が教材等で学修した操作履歴や演習問題等の回答・成績を一括して管理する機能，(c) 教員・学生間でのコミュニケー

第3章 学修環境　35

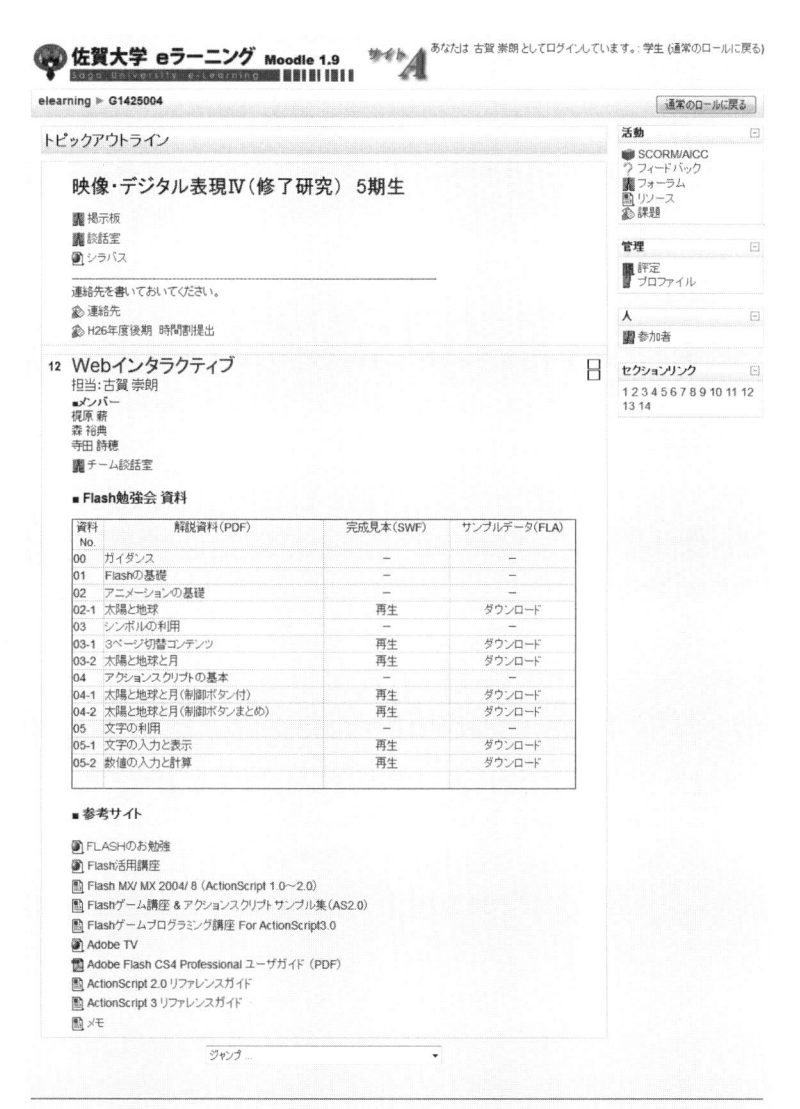

図 3-3 「映像・デジタル表現Ⅳ（デジタル表現修了研究)」コースの画面

ション手段として掲示板・フォーラム等の機能などを必要とする。Moodle では，これらの学修活動を実現するため，プラグインの形で活動モジュールやブロックモジュールというプログラムが提供され，学修活動の変化に応じて，バージョンごとに改良・追加されている。さらに，利用者自身もプラグインを作成し，Moodle の機能をカスタマイズすることができる。

本プログラムでは，Moodle に標準でインストールされているものや，カスタマイズしたものを含めて，表 3-5 に示す機能を主に利用している。

表 3-5　使用している Moodle の機能（モジュール）と利用方法

機能	利用方法
フォーラム	連絡，利用申請
リソース，リンク	資料や補助教材の提示
課題	課題の提示・ファイルの提出・回収 連絡先等他の学生に見せたくない情報の提出
フィードバック	アンケート
投票	作品テーマの選択
SCORM （カスタマイズ）	VOD 型補助教材
学修状況一覧 （独自開発）	学修状況の確認

(1) フォーラム

本学ではフォーラムを「掲示板」と「談話室」の 2 種類の機能と名称で使い分けを行っている。「掲示板」は，学生からの投稿は行えないように設定している。教員から学生への全体の連絡など，一方向の連絡時に使用する。それに対し，「談話室」は教員でも学生でも自由に書き込みが行える。学生と教員，あるいは学生同士の報告・連絡・相談に利用している。自己紹介，授業の内容に対する質問やその回答，演習用端末の予約の際に利用している。

(2) ファイルまたは Web サイトへのリンク

LMS のコース内にアップロードされたファイルへの参照や，外部の Web ページやファイルを参照する場合がある。授業で使用する資料や教材の提示にあらゆるコースで頻繁に利用されている。

(3) 課題

課題の提出方法は,「テキスト」形式と「ファイルのアップロード」形式の2種類がある。本プログラムでは,主に「単一ファイルのアップロード」を使用している。課題の提示や提出,あるいは,本人以外の他の学生に見られたくない情報を含むファイルの回収や返却にも使用している。

(4) フィードバック

授業の前後や学期末のアンケートなどの各種アンケートで使用する。入力された集計結果はすぐにグラフとしても表示でき,集計結果をExcel形式で取り出すことができる。これらの集計結果を授業中に学生に見せると、学生の取組がひきしまる傾向も見られる。

(5) 投票

複数の選択肢となる項目を挙げ,学生はその中から1つを選択し,リアルタイムにその集計結果を確認することができる。必修科目の「映像・デジタル表現 II (アニメーション表現)」や「映像・デジタル表現 IV (デジタル表現修了研究)」では,この機能を用い,与えられた複数のテーマや手法の中から,希望するものを選択させている。

(6) SCORM

SCOMRとはShareable Content Object Reference Modelの略で、eラーニングにおけるコンテンツ共通化のための標準規格である[18]。

本学におけるeラーニングの出発点である「ネット授業」ではVOD型教材を配信に使用している。このVOD型教材はSCORM 2004の規格に準じて制作しており,視聴時間等の履歴を取得でき,履歴は学習管理システムに保存される。本プログラムでも一部ではあるが,VOD型補助教材の配信に利用している。

(7) 小テスト

　本プログラムでは，主に資格対策コースでの演習問題で使用している。問題の形式としては「単一選択」「多肢選択」「穴埋め」などを主に利用している。「ネット授業」で使用しているSCORM規格のVODコンテンツはFlash Playerで再生するコンテンツのため，Flash Playerが利用できないタブレット端末からの視聴が行えない点が課題であるが，Moodleの小テストの形式で作成された演習問題のコンテンツはタブレット端末からの利用も可能であり，演習問題のコンテンツは，Moodleの小テストの形式で制作するようにしている。

(8) 学修状況一覧

　学修状況の閲覧・管理のため，佐賀大学が独自に開発したモジュールである。このモジュールにより，学生は自分の学修履歴を細かく確認できる。また，コースの管理権限を持つ教員は学生の学修状況を一覧の表にして確認できる。SCORM教材だけでなく，小テストや課題の提出状況などを一覧で表示し，並べ替えや未着手者・未完了者のフィルタリングが可能である。さらに，選択した学修者に対し，メッセージを一斉送信する機能を持っている。

3.2.4　これからの学修環境

　2014年度までのMoodle環境では，バージョン1.9を基本として科目履修サイトを運用しているが，最近のモバイル機器の進展や，SNS（ソーシャルネットワークサービス）の普及に伴い，変化する学修環境に対応できるようMoodle自体も同様に変化している。2015年度からMoodleのLTS（Long-term support）[19)]であるバージョン2.7を試行も兼ねて並行稼動し，システムの移行を順次行っている。本プログラムでは検証も兼ねてバージョン2.7を使用している。

　これまでのバージョンと運用面で変わった点は，PC限定の表示対象から，小型のスマートフォンやタブレットからパソコンまでと，表示対象に併せて自動変換されることであり，さらにはインターネットテレビへの配信・学修も可能になりつつあることである。今後これらに完全に対応するためには，既存の

Flashベースのコンテンツを HTML5 ベースのものに移行していく必要がある。

3.3 本プログラムの必修科目の指導・支援体制

　本プログラムの必修科目では，これまでにも述べたように，プロのクリエーターが実際に使用している高機能なソフトウェアを用いた演習活動が中心となっている。そのため，授業時間以外にもかなりの時間を確保しないと満足な課題作品を仕上げることができない。また，「映像表現」や「映像・デジタル表現 II（アニメーション表現）」等の科目ではグループ別に分かれて作業を行う。このような内容の科目で，およそ40名の学生の指導を各科目の担当教員1名だけで行うことは難しい。そこで，画像や映像，Web，3DCG 等のデジタルコンテンツ作成の技術を持ったスタッフが，演習活動のサポートに当たっている。特に，関係する分野の広い「映像・デジタル表現 II（アニメーション表現）」や，プログラムの集大成となる「映像・デジタル表現 IV（デジタル表現修了研究）」では，様々な分野の作品制作が行われることから，各分野の専門知識や技術を持ったスタッフがサポートに当たり，指導の補助や相談に当たっている（図3-4）。授業時間以外でも学生からの質問や相談にも応じている。このことは，各スタッフの技術や教育に対する意識の向上にもつながっており，本業である教材制作にも役立っている。

図3-4　スタッフによる指導の様子

引用・参考文献資料
1) 古賀崇朗，中村隆敏，藤井俊子，高﨑光浩，角和 博，河道 威，永溪晃二，久家淳子，時井由花，田代雅美，米満 潔，田口知子，穗屋下 茂：就業力を育むデジタル表現技術者養成プログラムの実践，全学教育機構紀要，佐賀大学全学教育機構，創刊号（2013-7），pp.79-91.

2) CPU：http://e-words.jp/w/CPU.html （2015/11/26 アクセス）
3) Creative Suite：https://helpx.adobe.com/jp/creative-suite/suites-help.html （2015/11/26 アクセス）
4) Shade 3D：http://shade3d.jp/product/shade3d/v15/about.html （2015/11/26 アクセス）
5) RETAS STUDIO：http://www.retasstudio.net/products/retas_studio/ （2015/11/26 アクセス）
6) NetBeans IDE：https://ja.netbeans.org/ （2015/11/26 アクセス）
7) Entertainment Creation Suite：http://www.autodesk.co.jp/suites/entertainment-creation-suite/overview （2015/11/26 アクセス）
8) LDAP：http://e-words.jp/w/LDAP.html.（2015/11/26 アクセス）
9) Xserve：https://ja.wikipedia.org/wiki/Xserve （2015/11/26 アクセス）
10) ENG（Electronic News Gathering）：http://www.gaipromotion.co.jp/words.html （2015/11/26 アクセス）
11) USTREAM：http://www.ustream.tv/ （2015/11/26 アクセス）
12) LMS：http://satt.jp/dev/lms.htm （2015/11/26 アクセス）
13) 穂屋下 茂，河道 威，大塚清吾，中村隆敏：地域密着型コンテンツの制作とその利用－ネット授業『伝統工芸と匠』－，コンピュータ＆エデュケーション，Vol.31 (2011/12)，pp.62-65.
14) Moodle：https://docs.moodle.org/27/en/About_Moodle （2015/11/26 アクセス）
15) LAMP 環境：http://e-words.jp/w/LAMP.html （2015/11/26 アクセス）
16) 仮想サーバ環境：http://e-words.jp/w/サーバ仮想化.html （2015/11/26 アクセス）
17) OpenStack：https://www.openstack.org （2015/11/26 アクセス）
18) SCORM：https://docs.moodle.org/27/en/SCORM_FAQ （2015/11/26 アクセス）
19) LTS：https://docs.moodle.org/dev/Moodle_2.7_release_notes （2015/11/26 アクセス）

第4章 カリキュラム編成

4.1 プログラム開講科目

(1) 募集定員, 取得単位, 修了認定について

全学共通の特定の教育プログラムとなっている「デジタル表現技術者養成プログラム」は, 全学部の学生を対象として開講される全く新しい学修プログラムである。しかし, 本プログラムは, 高度な情報化社会に対応できる人材を育成するために, クリエーター専用のPCやソフトを使うことと, 高度なデジタル表現能力を育成する実技演習も重視しているので, 少人数教育が必要なため募集定員は40名に限定している。所属学部の専門科目を履修しつつ, デジタル表現技術分野の科目を履修する（図4-1）。

本プログラムの修了には, 必修科目8科目(16単位)と選択科目4科目(8単位)の計24単位を必要とする。プログラム履修生は, 原則2年間かけてプログラムを履修する。必要単位を取得すれば, プログラム修了と認定される。修了認定された学生には, 卒業時, 所属する学部専門の学位（学士）に加えて「デジタル表現技術者養成プログラム」の修了証が学長名で交付される。

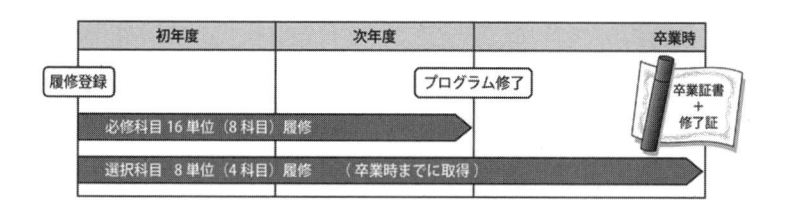

図4-1　履修登録から修了証発行まで

(2) プログラム必修科目

プログラム必修科目8科目（16単位）は，高機能なコンピュータや機材を使う実技演習を伴う科目で，「インターフェース科目」4科目と「学部間共通教育科目（特定プログラム科目）」4科目から構成されている（表4-1）。

「インターフェース科目」は，4科目で一つのインターフェースプログラムとして構成されており，複数のプログラムから希望するプログラムを一つ選択し，原則2年次と3年次に履修する。インターフェース科目は卒業要件の必修科目となるため，必ず単位を取得しなければならない。但し，デジタル表現技術者養成プログラムの学生は，1年次と2年次に履修するようにしている。

本プログラムを履修することになった学生は，自動的に「映像・デジタル表現」のⅠ～Ⅳの科目を履修することとなる。「映像・デジタル表現Ⅰ」を1年次に，「映像・デジタル表現Ⅱ～Ⅳ」を2年次に履修する。これら4科目（8単位）は，前述のように卒業要件の必修科目となるため，卒業に必要な単位数に算入される。

表4-1　2012年度入学生デジタル表現技術者養成プログラム必修科目一覧

形式	必修科目 （1年次と2年次）	科目種別	開講時期	曜日校時	定員	主担当
講義演習	映像・デジタル表現Ⅰ （デジタル表現入門）	インターフェース科目	前期	水1	40	穂屋下　茂
	Web表現	学部間共通教育科目	前期	木1	40	高崎光浩
	プログラミング表現	学部間共通教育科目	後期	木1	40	高崎光浩
	映像表現	学部間共通教育科目	後期	水1	40	穂屋下　茂
	デジタルメディア・デザイン	学部間共通教育科目	前期	水2	40	中村隆敏
	映像・デジタル表現Ⅱ （アニメーション表現）	インターフェース科目	前期	集中	40	中村隆敏
	映像・デジタル表現Ⅲ （CG表現）	インターフェース科目	後期	水2	40	中村隆敏
	映像・デジタル表現Ⅳ （修了研究）	インターフェース科目	通年	随時	40	穂屋下，角 中村，高崎

【インターフェース科目】

インターフェース科目は専門の知識・技術・技能を身につけた学生が，

そうした知識・技術・技能を社会に活かすための能力，社会に出て生きてゆくために必要な力を培うための科目である。インターフェース科目は関連する4つの授業科目から構成され，全学部の学生が履修できるように多数の「インターフェースプログラム」が開講される。学生は，多数のプログラムの中から一つのプログラムを選択して登録する。登録したインターフェースプログラムでは，授業科目Ⅰ，Ⅱ，Ⅲ，Ⅳを順次履修する。登録したインターフェース科目（4科目：8単位）は，卒業に必要な単位となる。

【学部間共通教育科目】

「学部間共通教育科目（特定プログラム科目）」は卒業に必要な単位数に算入できるが，各学部・学科・課程・選修等によって，算入できる単位数の上限は異なる。8単位以上が算入できれば，卒業単位（124単位）でも卒業証書（学位記）と本プログラムの修了証を申請して受け取ることができる。学科によっては，卒業に必要な単位数に算入できる単位数が0単位の場合もあり，8単位を余分に取得することになる場合もある。

(3) プログラム選択科目

　プログラム選択科目4科目（8単位）は，「基本教養科目」から構成されている。基本教養科目は，各学部・学科・課程が定める卒業に必要な単位数と履修方法に従って，「自然科学と技術の分野」，「文化の分野」および「現代社会の分野」の3つの分野の科目群から選択し，卒業時までに履修する。

　本プログラムでは，「基本教養科目」として10科目程度（2012年度は12科目）を開講し，本プログラム履修者のみでなく全学の学生も受講できるようにしている（表4-2）。プログラム履修生は表4-2の科目の中から，最低4科目を選んで履修しなければならない。当然ながら，取得したプログラム選択科目の単位は，そのまま「基本教養科目」の単位として卒業に必要な単位数に算入される。なお，プログラム選択科目には，プログラム履修生優先履修枠を設けており，希望すれば優先的に履修登録することができる。

表 4-2　プログラム選択科目一覧（全学教育機構基本教養科目）

形式	科 目 名	分　野	開講時期	曜日	定員	主担当
講義	映像制作入門	文化の分野	前・後期	時間外	100	角 和博
講義	シルクロード入門	文化の分野	前・後期	時間外	100	穂屋下 茂
講義	インストラクショナルデザイン	現代社会の分野	前・後期	時間外	40	角 和博
講義	画像へのアプローチ	文化の分野	前期	木2	100	大塚清吾
講義	情報メディアと倫理	現代社会の分野	前期	水1	100	大谷 誠
講義	映画製作	文化の分野	前期	木2	120	西村 雄一郎
講義	プロデューサー原論	文化の分野	前期	集中	60	穂屋下 茂
講義	身体表現入門	現代社会の分野	前期	集中	40	青柳達也
講義	教育デジタル表現	文化の分野	後期	水2	60	藤井俊子
講義	伝統工芸と匠	文化の分野	後期	木2	100	大塚清吾
講義	デジタル表現技法	文化の分野	後期	木2	120	西村 雄一郎
講義	授業支援入門	現代社会の分野	後期	集中	30	穂屋下 茂

　以上に示したように，本プログラム選択科目は全学教育機構の基本教養科目になり，必修科目はインターフェース科目を兼ねる。学部間共通教育科目（特定プログラム科目）が専門課程の自由選択科目の単位になる学科は，124単位取得でも卒業証書（学位記）と本プログラム修了証を授与することが可能である。

図4-2　履修の手引き（1期生～7期生）

なお，全学共通の特定の教育プログラムである「デジタル表現技術者養成プログラム」の履修方法については学内の教職員の誰もが熟知している訳ではない。そのため，履修の手続きやカリキュラム，各科目のシラバスをまとめた「履修の手引き」を毎年発行して説明会で配布している（図4-2）。

4.2 クリエーター能力育成科目群

4.2.1 映像・デジタル表現 I（デジタル表現入門）

【到達目標】
- 遅刻しない，作品の提出期限を守るなど時間を厳守できる。
- 目標達成のために計画を立てて時間を有効活用し，作業を効果的・効率的に進めること（タイムマネージメント）ができる。
- デジタル表現技術者養成プログラムの目的を説明できる。
- Illustratorの基本的な機能を使うことができる。
- デザイン素材画像や写真などを加工することができる。

【授業概要】
　本科目はデジタル表現技術者養成プログラムの入門科目である。高度情報化社会におけるデジタル表現技術を学生として，社会人としてどのように役立てられるかを主体的に学ぶ。また，本プログラムの基礎となるデジタル画像の制作，加工技術の修得に努める。作品課題については地域観光や地域資源など，取り組みやすく実践的なモチーフをとりあげる。

【開講意図】
　デジタル表現技術者養成プログラムを受講するに当たり，シナリオやデザイン情報倫理の基礎について知っておくことは必須事項である。また，デジタル画像の制作，加工の技術はあらゆる作品を制作する上で必要となる技術である。IllustratorやPhotoshopは，プロフェッショナルからアマチュアまで広く使われている高機能な汎用グラフィックソフトである。地域においてこれらのツールを活用するクリエイティブな能力を持った人材育成が必要である。

【授業内容】

本科目はデジタル表現技術者養成プログラムの必修科目である。本科目は，授業内容から大きく二つの側面に分けることができる（表4-3）。一つは科目名にもあるように「プログラムの入門的側面」，もう一つは「画像編集技術を学ぶクリエーター的側面」である。

表4-3　授業計画

授業	テーマ	内容
1回目	ガイダンス	デジタル表現技術者養成プログラムで何を学ぶかのガイダンス
2回目	デジタル表現技術と学生生活設計	プログラムが提供するキャリア教育・就業力
3回目	シナリオの基礎	シナリオの重要性と書き方
4回目	情報倫理・情報リテラシー	情報倫理及び情報リテラシーの概要
5回目	Illustratorのインターフェース，基本操作	Illustratorの絵の仕組み，オブジェクトの選択，バウンディングボックス
6回目	「塗り」と「線」，さまざまな図形	色の設定，図形を描く，オブジェクトの移動，複数オブジェクトの編集（グループ化，ロック等），オープンパス，クローズパス，直線を描く
7回目	曲線を描く	曲線を描く
8回目	移動と調整 変形	移動と調整，変形，オブジェクトの編集，ダイレクト選択ツール，アンカーポイントの追加，削除，連結，オブジェクトの変形（回転，拡大，縮小，リフレクト，シアー）
9回目	応用編	線の設定，ブラシ，グラデーション，不透明度，パターン，スポイト，クリッピングマスク，複合パス
10回目	パスファインダと文字の入力	パスファインダ，文字の入力と編集
11回目	画像編集（Photoshopとの連携）	画像の配置，画像解像度，カラーモードの変更，明るさ，コントラスト，レベル補正，色相，彩度，レイヤー構造
12回目	画像編集（Photoshopとの連携），入稿時の注意	切り抜き，選択範囲，オブジェクトのアウトライン化，文字のアウトライン化，トリムマーク（トンボ），ガイド，書き出し，PDFで保存
13回目	作品制作	「PRポスター」の制作
14回目	作品制作	同上
15回目	作品制作	同上
試験日	合評会	プレゼンテーションと自己評価，他己評価

「プログラムの入門的側面」は全15回の授業のうち，初回から4回までを充てる。最初に本プログラムが提供するキャリア教育・就業力について学び，さらに授業で使用するMacの操作方法やLMSを利用した学修システムの説明など，プログラムの授業に共通する知識やルールを学ぶ。また，情報リテラシーや著作権・肖像権について説明し，作品を制作する上での倫理観を養うのも，ここでの大きな目的である。

「画像編集技術を学ぶクリエーター的側面」は残りの11回を占め，本科目のメインとなる授業内容である。ここでは主にグラフィックソフトのAdobe Illustrator (以下Illustratorと記す)について学ぶ。Illustratorはドロー系グラフィックソフトの代表的なソフトとして多くのクリエーターが愛用しており，特に商業印刷物制作の現場ではデファクトスタンダードである。また商業印刷だけでなく，Webサイトで使用するバナーやボタンなどのパーツデザインの制作，映像用の素材制作などにも使用される。本プログラムではWebサイト制作を学ぶ「Web表現」や映像作品を制作する「映像表現」，「デジタルメディア・デザイン」，「映像・デジタル表現Ⅱ（アニメーション表現）」などがあり，これらの科目を考慮するとクリエーター的側面からみても入門的科目と言える。

本科目では最終的に，著作権をクリアし，商用印刷物として印刷所に入稿できるA2サイズのポスターのデータを制作する。5回から12回までの授業で，Illustratorで商用印刷物を制作するために必要な機能に絞って説明した。その内2回は，代表的なペイント系ソフトで，フォトレタッチに広く使用されているAdobe Photoshop（以下Photoshopと記す）の機能についても説明した。最後の3回は，課題に基づく作品制作に充てた。5回目からの授業内容とその詳細は表4-3に示している。

Illustratorの機能について説明するとき，授業計画やソフトのバージョンの問題から，市販されている解説書をテキストとして扱うのは無理があった。そこで授業で扱うテキストは自作のPDF版を使用した。テキストの一部を図4-3に示す。このテキストと，説明する上で必要なIllustratorのサンプルデータは，LMS上から授業毎にダウンロードするようにした。サンプルデータを

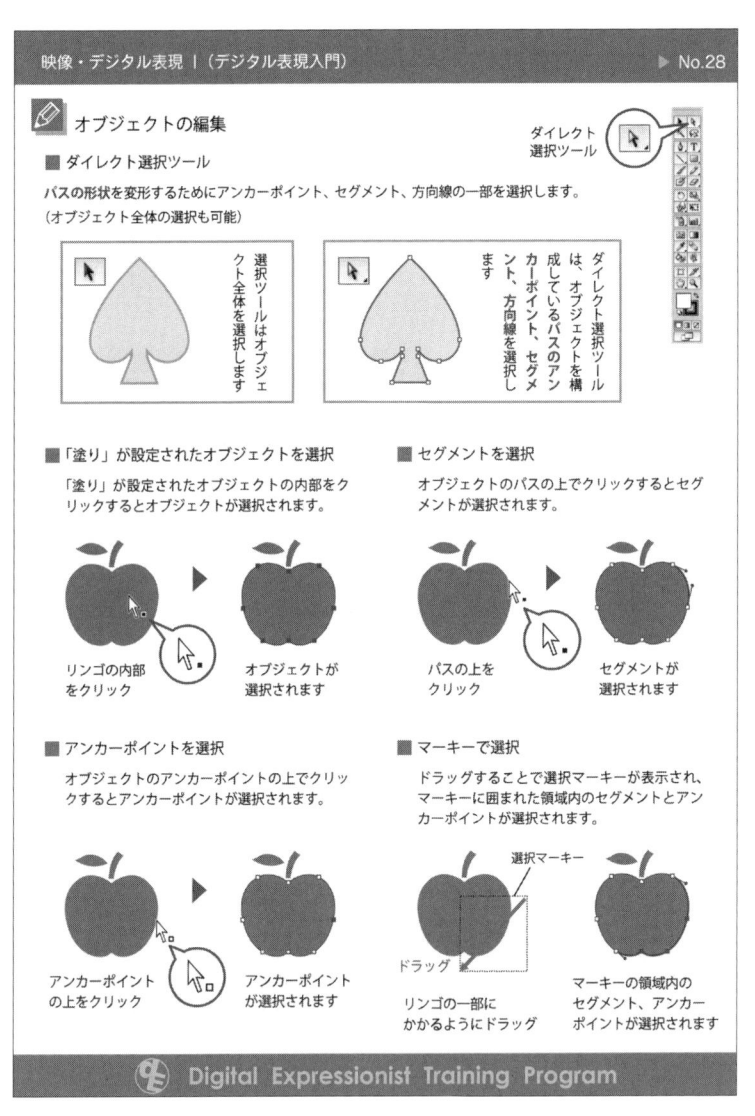

図4-3　自作テキストの一部

使用した授業の様子を図4-4に示す。学生が作成した作品の例を図4-5に示す。有田総業400年事業イベントを仮定した告知ポスターである。

試験日には制作した作品について全員で合評会を行う。本プログラムの特徴の一つとして，必修科目では制作した作品について発表することで，プレゼンテーション能力の向上を図ることにしている。

図4-4 サンプルデータを用いた授業の様子

本科目での合評会は，本プログラムで初めての発表ということもあり，「1分間」で自分が制作した作品のPRを行う。他の学生の作品を評価し採点することで，客観的に作品を見る力を養い，様々な表現方法について理解を深めることができる。

【学生の感想】

本科目では毎時間，授業後に「受講報告」をLMS上から回答させる。例えば，授業の進行速度や自分の理解度，授業の感想などである。回答をみると授業内容によって感想に偏りがみ

図4-5 学生の作品

られる。前述したように，授業はテキストとサンプルデータを用いて行うが，イラストや図形を描くようなクリエイティブな作業のときは「面白かった」，「楽しかった」の意見が多く理解度も高かった。それに対し，機能の説明を確認する作業の回は「難しい」，「大変だ」の意見が多かった。

◇おもしろい／楽しい
・ショートカットキーで作業速度がすごく速くなるんだと実感した。
・今まで「勘」でしていた作業が，確信をもって作業できるようになった。
・最初曲線を描くのは難しかったけど，慣れたら楽しかった。
・実習をするときにヒントがあったから分かりやすかった。

◇難しい／大変
・たくさんの知識量があるので，しっかり覚えていきたい。
・SHIFT キー，OPTION キー，COMMAND キーの役割を覚えるのに苦労した。
・様々な機能があり，難しい。
・慣れるのが大変そうだと思った。
・今まで使ったものとの組み合わせなどたくさんあり，覚えるのが大変だった。

◇前向きな感想
・Photoshop と Illustrator を使うことで，より高度な作品が作れることがとても楽しいと感じた。
・これから年賀状とかを作るのが楽しくなりそう。
・Illustrator を使うことで，グラフィックにとても興味が湧いた。これからが楽しみ！

　今後，理解度を深めるためには，クリエイティブな部分をより取り入れた授業内容への変更が不可欠である。また 2014 年度より，制作したポスターを静止画作品として，「佐賀大学コンテンツデザインコンテスト」（第 7 章参照）に応募するように勧めることにした。明確な目標を持つことでモチベーションの向上を図り，著作権等にも配慮する狙いがある。本科目を通して，将来就職するときの選択肢にデザイン系の分野が追加されることを望む。

4.2.2　Web 表現

【到達目標】
- Web サイトがどのような仕組みで構築されているのか説明できる。
- Dreamweaver を使って Web サイトが構築できる。
- Photoshop や Illustrator を使って写真加工やロゴ作成ができる。
- スタイルシートを使ってサイトデザインを制御できる。
- 外部 API を利用して Web サイトに機能性を組み込むことができる。

【授業概要】

　HTML（Hypertext Markup Language）に代表される Web 技術によって人間は世界に向けた情報発信の手段を手に入れた。個人による情報発信も一般化し，その有用性や社会的影響力も増してきている。企業においても Web による情報発信は極めて重要な位置づけとなっている。Web 技術の進歩により表現力が向上してきた。インパクトのある Web サイトはコーポレートイメージにも直結するため，Web デザインの洗練化に対する意識が高まっている。一方，Web サイトのコミュニケーション機能（双方向性，情報収集，個別ニーズに合わせた情報発信など）向上も求められており，デザイン力に加え，機能性に関するスキルを持つ人材が求められているため，本講義を開講することとした。

【授業計画】

　本科目の指導内容について詳細に述べる前に，授業計画の変遷を示す。表 4-4 は 2009 年度〜

表4-4　授業計画（2009 年度〜 2010 年度）

授業	内　容
1	ガイダンス
2	インターネットの基礎知識・Web の基礎知識
3	Web サイトの企画と設計
4	プロデュースとディレクション
5	コンテンツ制作〜 デザインと実装 (1) 〜
6	コンテンツ制作〜 デザインと実装 (2) 〜
7	Web ファンクショナリティ (1) 〜 コンテンツを介したコミュニケーション〜
8	Web ファンクショナリティ (2) 〜 データベースとの連携〜
9	サイト管理とセイフティマネジメント
10〜14	テストサイトの構築（4 週）
15	相互評価とグループディスカッション

2010年度まで、表4-5は2011年度～2012年度、表4-6は2013年度以降の授業計画である。

初年度～2010年度までは、基本的知識を解説する講義と演習をできるだけ分離した計画としている。すなわち、期間の前半に座学を集中させ、後半にまとめて演習を行うようにした。

受講生が高等学校卒業までにWeb、特にWebサイト作成、

表4-5 授業計画（2011年度～2012年度）

授業	内 容
1	インターネットの基礎知識
2	Webの基礎知識と初めてのWebページ作成体験
3, 4	Webサイトの企画と設計 ～自己紹介サイトの作成～
5	プロデュースとディレクション
6～9	コンテンツ制作～ デザインと実装～
11～14	テストサイトの構築
15	相互評価とグループディスカッション

表4-6 授業計画（2013年度以降）

授業	内 容
1	インターネットの基礎知識・Webの基礎知識
2	Webサイト作成のための環境整備（Adobe Dreamweaverによるサイト定義とブラウザによる表示確認）
3	ビジュアル素材の制作（AdobePhotoshopによる写真編集）
4	ビジュアル素材の制作（AdobeIllustratorやPhotoshopによるロゴ作成）
5～9	Webサイトの構築(1)～(5) HTMLの基本的記述の習得とスタイルシートによる効果
10	APIによる機能付加（Google Maps APIによるインタラクティブな地図の作成）
11	Webサイトの企画・設計
12～14	オリジナルサイトの構築
15	相互評価とグループディスカッション

に関して「どういう項目をどの程度学んでいるか」が明確でない。また、今日のWeb利用は、単にWebページとして情報を発信することに限定されなくなっているため、Webページを作成するためのHTML (Hypertext Mark-up Language)の記述方法を指導するだけでは不十分であると考え、Webの利用形態に関して総合的に学んだ後で、HTMLの記述法を学び、目的に応じたサイト構築ができるように、授業時間を配分した。

作成法を学ぶだけでなく、Webサイトの企画と設計、プロデュースやディレクションなどを総合的に学ぶことの重要性は伝えられたと思うが、座学と演習を完全に分離した指導方法は結果的に非効率であった。キーポイントを伝えた上で、その時間内に関連する技術を指導する方が、学生にとっては指導した内

容を考慮する必然性が理解しやすいようであった。

また Web に関する科目は本科目のみであったため，静的なコンテンツ作成から動的なコンテンツ作成までを半期で網羅する必要があり，サーバサイドプログラミングに関するテーマも取り扱っていた。理工学部からの受講生の一部を除いて，プログラミングを学ぶのは初めての学生が大半であったため，この科目の中でそれを扱うのは無理があると思われた。そのため，プログラミングは 2011 年度より独立した科目として新規開講することとした。

2 年間実施した上で，学生の授業評価アンケート等のフィードバックなどをもとに授業計画を再構成した（表 4-5 参照）。座学と演習を並行して行うようにしたことが最も大きな変化である。

2013 年度からは，本プログラムの授業科目の再編が行われたため，未開講となった科目で指導していた内容の一部を本科目で指導することとなり，授業実施計画を再編成した（表 4-6 参照）。

【Dreamweaver】

講義での Web 作成方法については，Web オーサリングソフトに分類される Adobe Dreamweaver（以下 DW）を用いて指導した。初心者向けにはより安価な別のアプリケーションも存在するが，DW は Web サイト構築を専門に行っている業者の多くが使っている，いわゆる業界標準のアプリケーションであるため，その操作法を習得しておけばそのような企業に就職を希望するものにとって有利である。

Web 作成には HTML ファイルの記述が不可欠であり，HTML の各タグに関する知識を持っているか，あるいはそれをいちいち確認しながら作成する必要がある。Web 作成に関する環境は大きく進歩している。いわゆる WYSIWYG (What You See Is What You Get) な編集環境が実現されているため，多くの作業が通常のワードプロセッサーでの編集や文字修飾と同様の操作で自動的に HTML ファイルが生成されるようになっているのが現状である。

しかし，そのような編集補助機能は完全ではないので，HTML の知識が必

第4章 カリキュラム編成　55

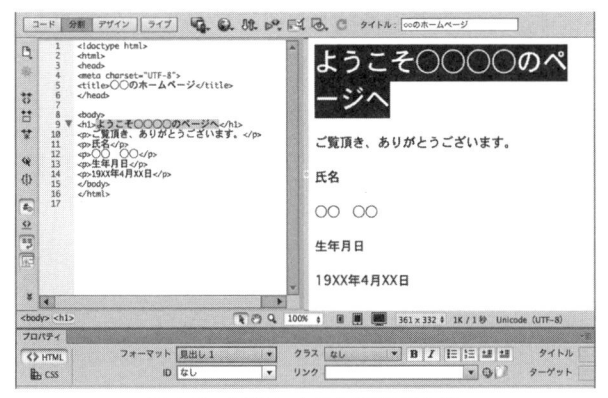

図4-6　DWによる編集場面の例
先頭行に「見出し1」フォーマットを割り当てると，左側のコードビューで該当箇所が<h1>と</h1>でマークアップされていることを確認している例。

要となる場面もある。あるいは，HTMLを直接操作した方が早く対応できる場合もある。したがって，DWの使用にあたっては，分割ビューとよばれる編集画面のレイアウトで，直感的に操作できるデザインモードで編集を行いながら，常に自分が行った操作がどのようにHTMLのタグに変換されるのかを確認するようにした（図4-6）。

【Photoshop】

　文字だけでなく，写真などのビジュアルなコンテンツを容易に利用できることもWebによる情報発信の特徴である。写真などの素材を使用する場合，不要な箇所の削除，被写体が暗くてよく見えない，人物が写っているときに個人が特定されないようにする必要があるなど，撮影したものをそのまま利用できる場合は少ない。このような写真の編集にはフォトレタッチソフトとよばれるカテゴリーのアプリケーションを使用する必要がある。本講義では，Adobe Photoshop（以下PS）の操作法を解説した。

　PSは極めて多機能なフォトレタッチソフトであり，すべての機能を講義中に説明することはできない。またPSのようにクリエイティブ性の高いソフト

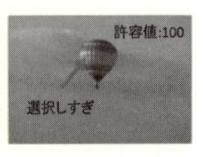

図 4-7　Photoshop 操作方法の指導例
PS のあらゆる操作で必要な，対象の選択方法について説明している例。

については，同じ機能でもそれをどのように使うかによって出来上がるものは全く違ってくる。そのような特徴があることを十分に説明した上で，授業内では PS でのあらゆる操作で不可欠な「選択」操作，Web の素材として写真を使う際に必要となる基本的な写真編集技術と，ビジュアルな素材の作成方法の一例としてボタンを作成する方法について指導した（図4-7）。

　Web による情報発信は Web サーバ上にあるコンテンツをクライアントの端末で閲覧するという構成で行われる。サーバ上にコンテンツが存在するからこそ，いつでも，どこからでもそれを見ることができるのである。しかし，Web 作成に関する講義の多くは，学生に自分が操作している PC 内に HTML ファイルを作成させ，それを同じ PC 内のブラウザで閲覧させるだけで終わらせている場合が多い。この方法ではページの作成方法は理解できても，他の人が作ったページを見比べたり，お互いのページをリンクさせたりするなど，Web 本来の機能を試すことができない。多くの写真を含むコンテンツや複数のファイルへのリンクを含むページを作成する場合，それらの要素を正しい場所に保存しないと思い通りに表示できないことがある。また，リンクをクリックしても正しい情報へリンクされない場合も生じる。従って，Web サイト構築の学修においては，ローカル PC での簡易な確認にとどまらず，サーバ上にコンテンツを配置する本

来の Web サービスの提供形態で実習するのが効果的であるが，様々な理由から Web サーバを使った実習環境を提供できない場合も少なくない．

【Web サイトの構築】

本講義では，佐賀大学の総合情報基盤センターが学内の教職員と学生向けサービスとして提供している Web サーバを利用し，実際の Web サービスと同じ形態で Web を作成させた．これにより Web サイト構築に関する全ての事項を指導することができた．学生の Web サイトへのリンク一覧を提供するページを図 4-8 に示す．

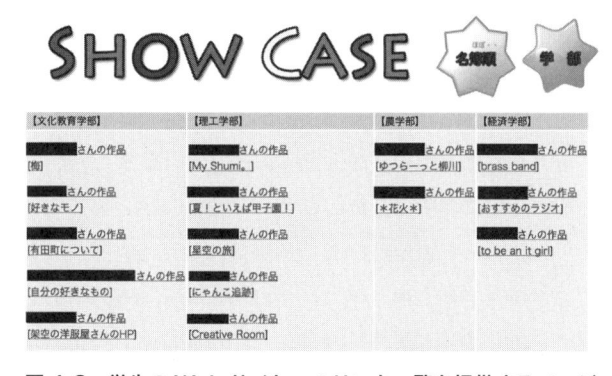

図 4-8　学生の Web サイトへのリンク一覧を提供するページ

Web が出現するまで，個人としての公の場への情報発信の手段は，新聞への投稿，行政等が主催する公聴会やタウンミーティング等での発言など，極めて限定した機会しかなかった．Web により，誰もが平等に自由に情報発信が可能になったと同時に，それが伝わる範囲も世界中に拡大した．それは素晴らしいメリットであると同時に，根拠のない情報も氾濫している現実がある．そこで，情報発信の責任についても講義の中でしっかりと指導した．

Web によってもたらされた恩恵は情報発信の手段を個人にまで広げただけではない．ブラウザを用いることによりビジュアルな表現力のある情報を，初めてパソコンを触った人でも簡単に入手でき，クリックするだけでさらに別の情

報へアクセスできるという操作性を通じて，情報技術そのものに対するハードルを一気に下げた功績を忘れてはならない．現に，Webは情報発信だけでなく，あらゆるサービスのスタート画面として共通のプラットフォームとなっている．

　情報システムは，機能が充実しているだけでは満足度は高くない．ボタンの配置，表示されるメッセージの内容等によって同じ機能でも満足度は大きく左右される．すなわち，ユーザーインターフェースも重要な要素である．多くの情報サービスがWebを起点に行われるようになっているため，「ユーザーインターフェースの善し悪し」＝「Webデザインの善し悪し」といってもよい．そのため，講義ではスタイルシートによる表現の制御について多くの時間を割いた．スタイルシートの編集については，DWを用いてもコード入力が避けられず，難しいと感じる学生が多かったが，スタイルシートの記述で同じHTMLファイルの見た目が全く違うものに変化することや，ボタン等を押したときのビジュアル効果の制御がスタイルシートで行えることから習得すべき技術であることは十分に理解できたと思う．

　ソーシャルネットワーキングサービス（SNS）は新たなコミュニケーション手段として定着してきた．多くの企業は自社のWebサイトとSNSなどの外部のWebサービスとの連携を通じて自社サイトへの顧客の効率的な誘導を試み始めている．このようなニーズに対応できるように，API (Application Programming Interface) の使用法も習得しておく必要がある．授業では代表的なAPIとして，Google Maps APIを使った地図の表示についての演習も行っている．

　インターネットの普及により，誰もが情報発信が可能となった．初期段階では，HTMLファイルを自力で作成できる限られた人だけしかWebで情報発信を行うことができなかった．DWなどのオーサリングツールが改良されると，HTMLに関する知識がそれほどなくても情報発信が可能となった．現在はスタイルシートを使いこなせる能力の差でWebクリエーターのレベルが評価されている時代と言える．さらに，個人の情報発信がいわゆるWebページではなく，（技術的仕組みはWebと同じである）ブログやSNSに移行してきた今日，HTMLを編集するDWの操作のみならず，コンテンツ管理システムを使った

Web管理についても学ぶ必要がある。

4.2.3 プログラミング表現

【到達目標】
- PHPの基本文法を用いてプログラムを組むことができる。
- 制御構文，配列を利用した基本的なプログラミングができる。
- テキストエディタと統合型開発環境（IDE）によるソースコーディングの違いを説明することができる。
- IDEを使って効率的にソースコーディングすることができる。
- フォームによって，ブラウザから入力されたデータを利用したプログラムを作成できる。
- PHPを用いてインタラクティブなWebサイトを構築できる。

【授業概要と計画】

デジタル表現技術者養成プログラムの必修科目の一つである本科目は，Webサイトにインタラクティブな機能を持たせたり，閲覧した状況（閲覧場所，時刻等）により表示するコンテンツを変化させたりするなど動的なWebサイトを作成するための技術として，サーバーサイドプログラムを学修する科目である。

「プログラミング表現」は初年度後期の必修科目（15コマ）である。年間授業計画は表4-7の通りである。

Webは情報発信の手段としてだけでなく，様々なサービスで顧客と企業をつなぐ窓口となっている。

スタイルシートによって，Webサイトは作者の意図する通りの表現（外観）を実現できるようになった。しかし，それはあくまでも静的な（static）ページの見た目の制御に限られる。閲覧者の状況に応じ，動的に内容を変化させ，双方向のやり取りを実現するにはプログラミングが必要となる。

スタイルシートを利用して見栄えの良いWebサイトを構築できる人材は多い

が，プログラミングにより Web サイトに機能を持たせることができる人材は少ない。

PHP はサーバサイドの Web プログラミング言語として広く用いられており，初心者にも理解しやすい言語の一つである。大規模な商用サイトでも実際に使われていることや，コンパイラ型ではなくインタプリタ型であるため初学者がプログラムの流れを追いやすいことなどから，Web プログラミング言語として PHP を学ぶことは有意義である。

表 4-7　授業計画

授業	内　容
1	Web プログラミングの基礎（スタンドアロンプログラムとの違い），Web プログラミングで用いられる言語の概要
2～4	PHP によるプログラミングの基礎 ✓ ソースコーディング環境（IDE やエディタ，ファイル転送ツール） ✓ 基本的な構文，型・変数・定数・式，演算子，制御構造 ✓ クラスとオブジェクト ✓ FORM によるデータの受け渡し ✓ セキュリティ対策
5～14	PHP による Web アプリケーション開発 ✓ アプリケーションの機能定義 ✓ コーディング ✓ ボタン，イラスト等外観を左右する素材の作成 ✓ CSS による外観の制御 ✓ 動作テスト
15	プレゼンテーションと相互評価

【実習環境について】

　一般的に行われている Web プログラミングの実習では，プログラム言語の学修に先立って，PC 内にサーバ環境を構築することが必要な場合が多く，プログラム初学者にとってハードルが高く，学修の妨げの一つとなっている。しかし，佐賀大学では総合情報基盤センターが学内教職員および学生向けに提供している利用者用 WWW サーバが利用できるため，学生は PHP プログラムの学修のみに専念することができる。このように，プログラミングの実習，特にサーバで稼働させるプログラムについては大学の情報基盤センターと協力した環境整備が重要となる。

　プログラミングではソースコーディング作業が不可欠である（図 4-9）。どのようなプログラム言語であっても，最低限テキストエディタがあれば，ソースコー

ディングは可能であり，多くのテキストエディタは，代表的なプログラミング言語に対して，コマンド等の予約語を色分けして表示できる機能を有しているので，初年度はテキストエディタを使ったソースコーディング実習を行った。この方法では，文科系の学部の学生や，理系であってもプログラミングの経験が全くない学生には少し難しすぎたようであった。

図4-9　テキストエディタによるソースコーディング

また，テキストエディタでソースコーディングを行った場合は，ソースファイルをサーバに転送するために転送ソフトを用いなければならない。転送ソフ

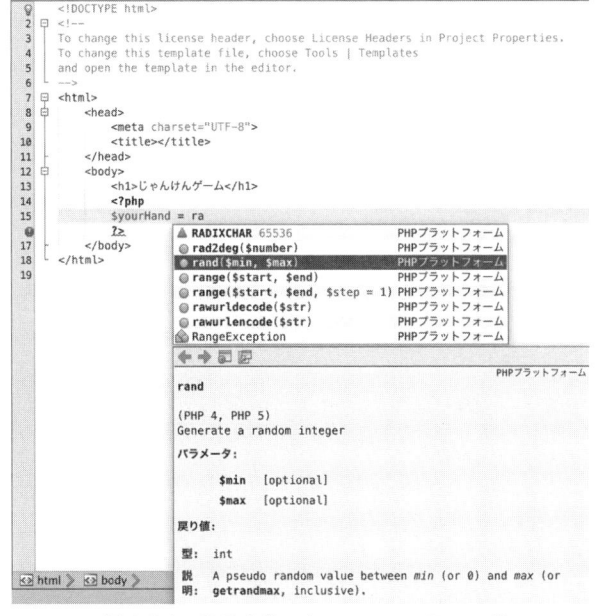

図4-10　IDEを使ったソースコーディング
じゃんけんゲームを作成するために，相手の出す手を乱数で発生させようとしている。乱数の使い方にヒントが表示されている。

トの操作法自体はそれほど難しくなく，ほとんどの学生が操作方法を理解できたが，ソースの編集，転送を毎回手作業で繰り返すことは面倒であるだけでなく，複数のファイルからなる Web ページの場合は，必要なファイルを転送し忘れたために Web ページが正しく表示されないなどのトラブルがあった。

2年目以降は，統合型開発環境（Integrated Development Environment; IDE）の一つである NetBeans を使用して演習を行った（図4-10）。IDE はプロジェクト単位でソースコードや必要なコンテンツを一括管理できるので，効率よくプログラミングの演習が行えた。また，リファレンスマニュアルと連動してコーディングのヒントなどが表示されるため，ある程度力のある学生なら，自分自身で調べながらプログラムを完成させていけると思われた。

プログラミングに関する指導内容は，変数に関する基本的事項，条件分岐，繰り返し処理など，言語の種類にかかわらずマスターすべき内容を取り扱う。しかし，本プログラミングの場合，結果の出力が必ず HTML 形式になっていなければならないことを指導する点が Web アプリケーション固有の指導内容といえる。

また，すべてを PHP プログラムとしてコーディングする必要はなく，動的に変化する部分だけを PHP で記述すればよいという点も一般的なプログラム言語と異なる点である。

【評価と展望】

評価は PHP プログラム作品で行った。作成したプログラムについて，実際に Web でアクセスして操作をしながら，1分程度のプレゼンテーションを行ってもらった。作成するプログラムについては各自が自由に決定してよいこととした

図4-11　学生の作品例
[Push] ボタンをクリックするたびに，おみくじに内容が変わる

が，ゲームとゲストブックを作成した学生が多かった。作品例「おみくじ」を図4-11に示す。

　単なる情報発信の手段としてではなく，顧客と企業との窓口のように，Webは様々なサービスのプラットフォームとして活用されてきている。そのようなWebを利用する場合，何らかのプログラムによる自動処理が必要である。アクセスされた時間や場所，あるいはログイン後のユーザープロファイルによって，みんなに向けた情報ではなく，アクセスした「個」に特化した情報を提供できるような動的コンテンツが作成できれば，Webの表現力がさらに広がる。そのためにもWebプログラミングについて学ぶことは重要である。

4.2.4　映像表現

【到達目標】
- テーマに沿ってシナリオを作成することができる。
- 絵コンテを描きながらシナリオを表現することができる。
- デジタルビデオカメラを使って撮影することができる。
- グループ作業においてコミュニケーション能力を発揮することができる。
- Premiere Proを使って映像編集ができる。

【授業概要】

　デジタルコンテンツ制作では最初の企画・設計，映像制作ではシナリオ作成が重要となり，そのための構成力を身に付けることが必要である。構成力を身に付けるために，シナリオ作成の基本を学び実際にシナリオを作成する。そのシナリオをもとに動画制作を行う。

【授業計画と実施】

　授業計画を表4-8に示す。シナリオ作成の授業では，最初にシナリオの考え方や作成手順，注意事項について講義を行った。その後，作品のプロット（あ

表4-8　授業計画

授業	主な内容
第1回	科目のイントロダクション ・映像編集を始める前に　・映像編集のワークフロー
第2回	シナリオの作成 ・シナリオの考え方　・プロットの作成　・絵コンテの作成
第3回	カメラ，三脚等撮影機材の使い方 ビデオカメラによる撮影技術の基礎 ・撮影アングル　・テクニック
第4-8回	撮影実習 ・グループに分かれビデオカメラで撮影を行う
第9回	Premiere の基本とインターフェース1
第10回	Premiere の基本とインターフェース2
第11回	Premiere の基本とインターフェース3
第12-15回	作品制作
第16回	合評会

らすじ・構想）を作成させた。前もって作りたい作品のイメージを考えさせていたので，プロット作成はスムーズにできたようである。出来上がったプロットは提出させ，ストーリーや内容に問題がないか，授業時間内で制作するのに無理がないかのチェックを行った。

　なお，作品テーマは自由とした。但し，撮影場所は大学構内であること，出演者は各グループもしくはクラスのメンバーで構成することを条件とした。以前はいくつかテーマを提示して，その中から選ばせていたが，自由なテーマで作らせた方が様々なアイデアが生まれ，面白い作品が生まれるようである。

　次に，作成したプロットをもとに絵コンテを描かせた。絵を描くことが苦手という学生も多いようだったが，上手な絵を描くことではなく，作品のストーリーや撮影の構図，セリフ等をきちんと伝える，ということを重要視させ絵コンテを作成させた。

　動画制作の実習は，グループで行い，監督やカメラマン，音声，役者など役割を分担して撮影を行った。最初は撮影機材の扱い方にも慣れておらず，四苦八苦する場面が見られたが，回を重ねるごとに機材にも慣れ，撮影テクニックが上達していく。

また，効率よく撮影を進めるには，グループ内で上手くコミュニケーションを取り合うことができるかどうかも重要となるが，その点ではグループごとに差があった。リーダーシップを取ることができる学生がいるグループでは，その学生が中心となって上手く撮影を進めていたが，そうでないグループは撮影がなかなか進まない様子が見て取れた。今後は，グループ編成の際にその点も考慮する必要があるが，学生の行動特性を事前に知るのは難しい。撮影実習の様子を図4-12と図4-13に示す。

撮影した映像素材を，Adobe Premiere Proを使って編集した。映像編集の技術は，アニメーションや3D映像等の作成においても，最終的に必要となる技術である。

図4-12 撮影実習の様子

授業では，プロジェクトの設定方法や素材の読み込み方，タイムライン上での編集の方法などソフトの基本的な使い方を重点的に学修した。編集の練習素材として，佐賀大学公式マスコットキャラクターであるカッチーくんの動きを撮影した素材を使用した。エフェクトの使い方など応用的な部分については，各自の作品制作に入った段階で，必要に応じて指導を行った。編集作業の様子を図4-14に示す。

図4-13 撮影実習の様子

作品制作においては，編集している中で撮影した素材映像が足りなくなり追加の撮影を行ったり，若干ストーリーの変更が必要になったりする学生

図4-14 編集作業の様子

がいた．実際に自分の撮影した素材を編集することで，ストーリー構成が不足している点や撮影時に改善すべき点などに気付くことができたようである．また，様々なアイデアも出て来て，次回作への意欲が高まった学生もいた．

　初めて本格的な動画制作に取り組んだ学生がほとんどだったが，この授業で経験したこと，感じたことを今後の制作に生かしてほしい．

【学生の感想】
・映像を撮るところから編集までとにかく楽しかった．ソフトを使いこなせているかというとそうではないかもしれないが，自分なりに工夫して制作できた．
・グループ全員で撮影を行うのがとても楽しかった．こんな授業をもっとやりたいと感じた．
・実際に機材を使った本格的な撮影は，撮る側としても撮られる側としても初体験だった．いろいろ手間取ったところはあったが，作品が完成して本当に安心した．

4.2.5　デジタルメディア・デザイン

【到達目標】
・Adobe After Effects を操作することができる．
・モーション・グラフィックスやコンポジット作品を制作することができる．
・高度な動画編集を必要とする作品を作ることができる．
・他者の作品について適切に批評できる．

【授業概要】
　デジタルデザインで必要な基礎的な造形力，平面構成，色彩論を講義し，テーマに応じた作品に対して複合的にアプリケーションソフトを活用し，作品とすることで表現力をつけてもらう．

【開講意図】

すべてのメディアを素材とし，複合的に組み合わせ，合成することで作品化することができる。そのためには基本的なデジタルデザインの知識と演習が必要である。

【授業内容】

◇ 講義概要（1回）

　点と線（直線）だけによる遠近感／ビジュアルコミュニケーション

◇ 点，線，面（2回）

　点と線（直線，曲線）だけによる「悲しみ」

◇ 文字（タイプフェイス）で表現してみる（1回）

　ロゴマークを調査　http://www.logo1.biz/

　自分自身のイメージから自分を表現するロゴを作成

◇ 文字（タイプフェイス）で表現してみる（1回）

　合評会

◇ 音声デザイン（ラジオ CM）（1回）

　佐賀大学ラジオ CM 字コンテ

◇ 音声デザイン（ラジオ CM）（2回）

　作成及び発表

◇ サウンドデザイン

　「春の一日」をテーマにして作曲。GarageBand 使用

◇ 色面構成（3回）

　a) 透明感のある構成（明度差）（色相差）（彩度差）

　b) テーマ：春の1日

　　Photoshop と Illustrator を利用して，透明感を持たせながら全体のトーン（調子）を考えて仕上げていく。テーマは「春の一日」

◇ 映像デザイン（4回）

　カウントダウンムービー（プリ・ロールムービー・ジャグリング）

カウントダウンは何かを始める時，何かを終えるとき重要な要素である。通常フィルムの上映開始タイミングに用いられるプリ・ロールムービーにヒントを得て，カウントダウンムービーを制作する。たった5秒のカウントダウンの中に様々なモチーフが埋め込まれ，凝縮した表現ができあがり，繰り返されるカウントダウンが作者らの世界感を融合させていく。

【目的】

　5秒という短さとカウントダウンという抽象的なテーマを与えることで作家の個性や力量を測りやすい。フレーム単位の編集や編集そのものの既成概念をはずすことに意味がある。

【方向性】

- 5秒～0秒までのカウントダウンをテーマに制作する。
- 本編前のムービーというイメージは分かりづらい。
- カウントダウンかチャートアップかでイメージが異なる。
- そのイメージが跳んでいるほど面白い。

【内容】

- 5秒にこだわってもらいたいが，若干のタイムオーバーは許容範囲とする。
- 実写，手描き，スキャンニング，デジカメ撮影など素材収集は自由。
- 著作権がクリアされていれば，Web素材からの活用も自由（音も含む）。
- 一人作業が無理な場合は誰かに手伝ってもらってもかまわない。
- 考えることと工夫創造に重きを持つ。
- 安易に妥協しないこと。

【技術】

- コンポジット（合成用）ツール Adobe After Effects を使用する。
- 必要に応じて，Illustrator, Photoshop, Premiere Pro を活用すること。

- 動画編集加工（Photoshop, After Effects）。
- 音響編集加工（Garage Band）。

〔トピックス 1〕デジタルにおける色の表現

　コンピュータは計算，記憶，振り分け，並べ替えが得意である。そのため，初期のパーソナルとしてのパソコンは事務処理として人間を手助けできる有能なツールとなった。しかし，20年前にはわずか16色しか表示できず，フルカラー（約1,670万色）を表示するためには高価な専用グラフィックスボードが必要だった。その後，Macintoshなどグラフィックスやマルチメディアを追求したパソコンが普及し始め，パソコンは絵を描く，音楽を奏でる等の表現のツールとして成長していった[1]。

　コンピュータで絵を描くという行為はこれまでの紙と筆という道具とは違う側面を持つ。作者がその道具の特質や技術をしっかり認識することがコンピュータに限らず重要なことであり，ここでは道具としてのコンピュータを用いたデジタル表現を考えていきたい。

【2Dによるデジタル表現】

　コンピュータによる描画法は，直接，紙に描くのに対してマウスやペンタブレットを用いて描画する。絵の具や顔料と違い，基本的にはモニターに表示される光のドットと呼ばれる点で表現される。デジタル環境下での描画機能として大きく二つに分けることができる。

【ラスター形式】

　描画は1ピクセルで表示される。またモニター上ではサブピクセルと呼ばれるドット (R) red, (G) green, (B) blueから成る。この描画法では垂直線と水平線では問題ないが，斜めの線に対して解像度に拠ったジャギーが現れる。これを防止するためのアンチエイリアシングという技術もあるが，画

像を拡大すればするほどこのジャギーは大きくなっていく。デジタルカメラ等で撮影したデータはラスター形式であり，写真の一部を極端に拡大するような作品を検討する場合は最初から高解像度で撮影する必要がある。

【ベクター形式】

　ベクター形式と呼ばれる方法は線が平面空間の座標として表される点と点を結ぶものとして，数値と数式で表すことができる。ラスター形式がうまく描画できなかった斜めの線や曲線についても，その線を規定する複数の点の結び方を数値と数式のデータで表すため，なめらかな線として表現できる。Illustratorで用いられるベジエ曲線は2点間のポイントにハンドルと呼ばれる曲線を操作するバーが表示され，そのハンドルの角度と長さが双方の力関係となりなめらかな曲線を生成する。この曲線はどんなに拡大してもラスター形式のようにジャギーが現れることはない。

　このことはIllustratorが文字をただのテキストとしてではなく，描画のためのフォントやイラストとして扱う際にも有効である。入力した文字をアウトライン化し，新しいフォントタイプを作成することも可能である。また，ハンドルを操作することで簡単に再編集できることも特徴であり，煩雑な修正が必要なポスターやパンフレット等商業印刷では特に重要な機能である。

【モニター上と印刷出力の違い】

　これは主にカラーキャリブレーションと呼ばれる方法でモニターと出力機（レーザープリンタ，インクジェットプリンタなど）のカラー調整を行うことである程度回避することができる。しかし，それらの機器は業務用途が主にメインとなるため価格が高く個人では敷居が高い部分もある。

【モニターの画面解像度に規定される】

　これは，現在のモニター上の表示解像度が70〜100 dpi程度であり，目

を近づければまだサブピクセルが判別できる。しかし，現在のハイビジョン以上（横幅4,000ピクセル以上）の超高解像度のモニターもすでに開発されており，肉眼でドットが確認できないほどの超高解像度表示装置としてギャラリー等に展示されるのもそう遠い話ではない。そのときに初めて，モニター上に描画された作品は発光するマチエールを持ったタブローとして認知されるだろう。デジタルキャンバスで絵を描くことは光を発光させることで成り立つ。印刷して顔料で表現するのかモニター上で表現するのかで作者の意図が変化する。最終アウトプットが顔料なのか光なのか，作家はその大きな違いを常に意識せねばならなくなるだろう。モニターがキャンバスと考えるならその描画技術を調べ，モニターの特色を知ることが必要となる。デジタル画材という言い方をするなら電子的な制約や光学的特性も考慮する必要がある。新しい表現を模索するには，その素材や構造に見合った調査や研究を行うことも求められる。

4.2.6　映像・デジタル表現II（アニメーション表現）

【到達目標】
- アニメーションの歴史や構造，ワークフローを説明することができる。
- アプリケーションソフトを複合的に用いて，セルアニメーション，Flashアニメーション，プロジェクションマッピング，立体アニメーションの作品いずれか制作することができる。
- 合評会で自己作品のコンセプトや内容について解説することができる。
- 他者の作品について適切に批評できる。

【授業概要】

アニメーション制作の概観や表現方法を講義し，演習形式でアニメーションを作成する。制作方式やアプリケーションソフト毎に分かれて作業を行う。作品は，4種の技法から選択して制作する。使用アプリケーションソフトは

AdobeのFlashやAfter Effects等を組み合わせて使用する。作品課題については地域観光や地域資源など取り組みやすく実践的なモチーフをとりあげる。

【開講意図】
　アニメーションは親しみやすいメディアであり，企業や自治体のプロモーションとして用いられている。地域にとってもクリエーターとして制作能力を持った人材育成が必要である。多様な表現方法があり，現在のアニメーションは，デジタル技術により幅の広い表現領域となっており，その概要を知ることと実際に制作することで技術と表現の特徴を理解させる。

【授業計画】
　実際の授業は，下記の内容を8月中旬に集中講義として行う。
1. アニメーションの歴史と概要　（講義）
2. 動きと表現　（講義）
3. デジタル技術とアニメーション　（講義）
4. アニメーションのワークフロー　（講義）
5. セルアニメーション技法1　（講義／演習）
6. セルアニメーション技法2　（課題作品制作）
7. セルアニメーション技法3　（課題作品制作）
8. Flashアニメーション技法1　（講義／演習）
9. Flashアニメーション技法2　（課題作品制作）
10. Flashアニメーション技法3　（課題作品制作）
11. プロジェクションマッピング技法1　（講義／演習）
12. プロジェクションマッピング技法2　（課題作品制作）
13. 立体アニメーション技法1　（講義／演習）
14. 立体アニメーション技法2　（課題作品制作）
15. 立体アニメーション技法3　（課題作品制作）

(トピックス II) 時間軸から解放された映像表現

　現在，デジタルコンテンツとして最も活用されるメディアは映像である。ここでは動画映像表現において時間軸に沿った表現とデジタル技術によって可能となった時間軸から解放された映像表現について述べる。

【タイムベースドメディアによる映像表現】

　ビデオ編集の場合，素材の種類と編集の目的を良く検討しておく必要がある。素材が実写ならばビデオカメラや照明の扱い方，撮影技法もある程度修得しておく必要がある。編集アプリケーションは Adobe Premiere が標準となりつつある。ビデオ編集ソフトは撮影したビデオ素材を時間軸に沿って切り張りしていくことが基本作業となる。30 分の尺ならば，その構成を検討しシナリオを基に必要なカットを探し出し，追加していく作業になる。デジタルビデオ編集で重要なのは出来上がったムービーファイルの圧縮や DVD 等別メディアへの移動，変換に関して最低限の知識を必要とする。

　近年はビデオを用いた作品やインスタレーション，パフォーマンスで複数のビデオ映像やプロジェクターを用いる作家が増えている。求めるコンテンツによって適切な使用法を知ることでさらに有効な活用法が身につくだろう。ビデオカメラによる撮影技法は技術が変化してもフィルム撮影の技法と基本的には変わらない。映像表現は見る人の心理や視覚の反応を取り込みながら発達してきたといえる。

　19 世紀初頭につくられたソーマトロープやフェナキスティスコープ，ゾートロープなどは基礎的な動画映像のしくみが理解できる。これらは人間の残像現象を利用して静止画を連続的に表示することによって動画として認知されることを利用している。

　その結果，動画像における時間の概念が形成され，フレーム毎に作り出

される映像メディア表現の機能（中割り，スローモーションや逆再生，早送り等）ができあがった。つまり，表現として「時間」を要素として手に入れたのが動画表現であり，フィルムからビデオにメディアが移ることにより，さらにその表現手法が多様化していった。

　また，撮影した映像を表示する順番や長さ，カメラワークで細やかに演出することも映像表現として編み出されてきた。これらは映像文法（シーン，カット，アングル，ズーミング，パンニング等）として観るものが映像体験的に理解できるものだ。これらの技法は主に劇映画の手法から一般観客にドラマチックで分かりやすくするためにナラティブ（物語性）な演出を中心に考え出された。それと共に制作工程もシステム化され現在の映画やテレビ演出の基礎となっている。デジタル表現についてもこれらの撮影工程を知っておくことが重要といえる。

　1960年代以降，作家が映画術的映像表現の手法から一旦離れると，映像そのものの構造的な解釈やフィルムという物質的な皮膚感覚，作者自身を撮影するリアルタイムなビデオ映像における時間のフィードバックと自己との対話など，様々な作者の個人的な表現欲望を表した作品が生まれてくる。

　それらは個人映画や実験映画と呼ばれ，商業映画を模した作風を目指す映像制作とは違う方向性を持っていた。特にビデオは現像という物理的な制約から解放され，映像そのものを身近に捉えることでコミュニケーションの道具として社会とつながることを目標とした作家からも注目されるようになる。「ビデオ・コミュニケーション」という言葉も生まれ，個人メディアによる表現ツールとしてビデオは映像を身近にした立役者だといえるだろう。

【非タイムベースドメディアによる映像表現】

　1980年代以降パーソナルコンピュータは，個人によるメディアアート制作と作者自身がメディアになりえるという画期的な時代を形成してきた。さ

らに1990年代に入り，インターネットが普及することでさらに個人と個人，個人と社会の関係性などメディアアートのテーマになりやすいコミュニケーションにおける革命的な環境が構築された。まさに情報社会の中で表現活動や芸術行為はどのように表象たるのかという実験的な作品やイベントが次々と行われた。

その思想的背景ともなったテッド・ネルソン（Ted Nelson）は，コンピュータとネットワークという情報環境の中でどのように社会が変容していくのかをハイパーテキスト，データベースをめぐる理論で示した。これらのテクノロジーの原理は物語性と非物語性をめぐる芸術思想・制作の分野において特に革命的であり，インタラクティブなストーリーの芸術作品が生み出されるきっかけとなった。

例えば，1990年代に流行したパッケージメディアのCD-ROMは芸術作品としてのタイトルも多数作成された。そのコンセプトは複数の物語をユーザーが選べること，マルチエンディングが用意されていること，階層性の視聴形態であること，それぞれの層がリンクを張られていること。今日では特に珍しくないユーザーインターフェースだが，その後のゲームタイトル開発やインターネットブラウザ等の基本的なインタラクティブメディアの基本はこの頃研究されていたといえる。

映像作品の制作環境においてもデジタル化の影響により，映像をデータとして認識するようになった。それまではテープメディアであったビデオ映像はフィルム編集の流れを汲んでおり，初めから終わりまでを一方向性の時間軸で編集することしかできなかった。それがビデオ映像をデジタルデータになったことで，早送り，巻き戻しといった時間軸に縛られず，映像を瞬時に入れ替えることが可能になり，リニア（直線）上の編集からノンリニア（非直線）上の編集と呼ばれるようになった。

4.2.7 映像・デジタル表現 III（CG 表現）

【到達目標】
- 3 次元 CG の制作フローと基本概念を説明できる。
- 2 次元と 3 次元を認識しながらデッサンを描くことができる。
- 形態や質感を意識しながらデッサンを描くことができる。
- 三面図作成方法を理解し Illustrator で作成できる。
- Shade の基本機能を用いて自由曲面モデリング，ポリゴンモデリングができる。
- シェーディング，マッピング，レンダリングを作品に適応できる。
- ジョイントアニメーションを作品に適応できる。
- 合評会で自己作品のコンセプトや内容について解説することができる。
- 他者の作品について適切に批評できる。

【授業概要】

　3D コンピュータグラフィックスの基本概念を養うために手の鉛筆デッサンを行う。Illustrator を用い，三次元理解としてキャラクターデザインの三面図を作成する。次に Shade によりキャラクターを自由曲面モデリングで作成する。最終課題として鉛筆デッサンで描いた手をポリゴンでモデリングし，UV マッピングとジョイントアニメーションでデジタルデッサン作品として完成させる。作品課題については地域を元気にするキャラクターのデザインなど取り組みやすく実践的なモチーフをとりあげる。

【開講意図】

　3DCG はあらゆるメディアにおいて用いられ，教育，文化，医療，コンテンツ産業等，地域においてもその制作能力を持つ人材が求められている。CG は日常的にあらゆる場面で目にしている。PC を用いて生成する 3DCG 制作は，映像制作に関する基本的な概念と実世界の現象理解が必要である。その知識を元に汎用アプリケーション「Shade」を用いてモデリングからアニメーション・

レンダリングまでの工程を演習し，3DCG 制作の基礎を養うことを目的とする。

【授業計画】

1. 3次元 CG の制作フローと基本概念　（講義）
2. 観察と表現，二次元と三次元の認識，デッサン 1　（講義／演習）
3. 観察と表現，二次元と三次元の認識，デッサン 2　（課題作品制作）
4. キャラクター設計と CAD 三面図作成 1　（講義／演習）
5. キャラクター設計と CAD 三面図作成 2　（課題作品制作）
6. キャラクター自由曲面モデリングの要素と手法 1　（講義／演習）
7. キャラクター自由曲面モデリングの要素と手法 2　（課題作品制作）
8. シーンの設計 シェーディングとマテリアル設定　（講義／演習）
9. レンダリングとファイナルイメージ　（課題作品制作）
10. ポリゴンモデリング 1　（講義／演習）
11. ポリゴンモデリング 2　（課題作品制作）
12. ジョイント設定 1　（講義／演習）
13. ジョイント設定 2　（課題作品制作）
14. UV マッピング デジタルデッサンレンダリング　（講義／演習）
15. ジョイントアニメーションとタイムライン設計　（講義／演習）

(トピックス Ⅲ) CG アニメーションの発達

　三次元コンピュータグラフィックスは，二次元の世界に奥行き情報を加えた世界を持つ。つまり，我々が生活している現実の世界に即したものである。
　コンピュータが計算しモニター上に生成される画像は二次元であるが，データそのものは三次元を保っている。したがって，現実世界で写真を撮る場合あらゆる方向から物をみるように，一度 3D データをつくってしまえば立体的な視点からシャッターを切るということで画像を生成すること

が可能となる。このように3DCGは現実感を表現するには最適な映像表現といえる。

　1960年代には最初のCGが作成され，1970年代からはCGが一般の人々にも注目され始めた。CG開発の当初の目的だった軍事や生産技術の向上のための技術から，徐々にエンターテイメント分野への展開も始まった。1980年代も後半になると，非常に高価だったグラフィックス制作の専用ハードウェアも安価になり，さらにコンピュータの処理速度の劇的な向上で3DCGは個人制作も可能になりその裾野を広げていった。

　CC技術は1990年代以降急速に進歩し活用範囲も広がった。今では出版，映画・テレビ，Webなど映像メディア業界でCGを使わない作品制作は考えられないほどの普及と定着を遂げた。また，ATMの画面，レジの画面，インターネット，携帯電話の画面，電子看板（デジタルサイネージ）などCGは日常で目にしないことはないほど私たちの生活環境の一つになっている。

　3DCGは，現実をシミュレーションすることを得意とする。そのため，見る人への希求力や訴求力が高く，そのための表現力が高いということも特徴とする。また，それを活用することで理解力を高めることも可能である。映画，アニメ，ゲームなどのエンターテイメントから建築パースやプロダクトデザインの産業界での利活用など，世の中には3DCGによって作成された画像・映像が多く使われるようになった。3DCGならば，実際にはありえない架空のキャラクター，乗り物，建造物などを映像として目に見える形で再現することができる。

　最近の映画ではCGを使っていない映画を探すのが難しく，さらにそのCGは高品位でリアルであるため，どの場面で使われているのか判別できないほどになっている。そのような映画は現実をシミュレーションする3DCG最新映像技術を端的に具象化し一般に伝える役目を果たしている。

　また，コンピュータの発達やアプリケーションソフトの流通により，制作コストが下がり個人で使えることで制作スキルも下がってきた。その背景があり，3DCG制作が一般化している。

「Shade」は日本で開発された3DCGソフトであり，3DCGの歴史と共に育ってきたソフトとも言える。「Shade」は他のアプリケーションソフトとの連携でより高度で詳細なアニメーションの設定を行うことができる。人体モデルアニメーションソフト「Poser」は人体を中心にしたアニメーションが作成できる。また，3dsMaxやMayaなど業務用3DCGソフトとの連携で高度なシーン設定やアニメーションを作成できる。さらにAdobe After Effectsなどのコンポジットソフトとの連携で，より複雑な実写シーンとの合成など統合的な映像制作が可能となる。

3DCGは現実社会のシミュレーションが得意とするが，実写とは違い，ゼロから映像を生成することが魅力でもある。この特徴を理解し，他のアプリケーションとも連携することで独自の映像表現を果たすことが可能となるだろう。重要なことは機能が多すぎるため，それに振り回されることがないようにすることだろう。ソフトの機能に頼った表現は個性がなく面白みがない。生成するイメージを制作者がしっかりと持ち，アウトラインをデザインすることで作成工程を検討し完成イメージに近づける。それらの努力がソフトの機能を有効に活用し作品の質を上げることにつながる。

【合成・コンポジット表現】

コンポジット（合成技術）とは，コンピュータにより複数のデジタル素材を基に1つの映像をつくりあげることである。

時間軸に沿いながら，CG，実写，アニメ等の素材を分散化させることで，トライ＆エラーの確認，パーツの置き換えなど，画像処理作業を効率化できる。また，色の管理や空間の処理を機能させることで，ファイナルイメージングを高めることができる。

次に，コンポジットと通常の動画編集との違いを述べる。Adobe After Effectsというコンポジットツールは，映画，TVを中心に高品位な合成，視覚効果，モーション・グラフィックス映像を生成するポスト・プロダクションのツールとして，世界中で幅広く活用されている。このツールで扱う映

像は長尺で用いるものではなく，映画のVFX（ビジュアルエフェクト）シーンやCM，ミュージックビデオなど比較的時間の短いものが多い。その代わり映像に関するエフェクト作業を中心に行うため，通常のビデオ編集のエフェクト作業とは格段に違う作業工程を要する。コンポジット作業としてはいくつかの種類に分けることができる。

【特殊効果】

画像修正，画像処理，色調整，質感調整，時間軸調整，3D空間処理等。映像それ自体を素材とし，再構成を行う。基本的に画像処理と同じなので表現目的や表現イメージが確固としていないとツールの標準的な効果レベルで終わってしまう。

【タイトル，テキスト処理】

ロゴタイプやタイプフェイスのアニメによる表現やテキストそのものの表示される際のアニメーション等，企業のフライングロゴ，映画，TVのタイトルバックに使われている。

【CGと実写の合成】

3DCGの技術開発は高度になり，産業，娯楽分野において日常的に目にするようになった。コンピュータとアプリケーションの飛躍的な発展により，物理シミュレーションやモーションキャプチャ等の技術が開発され，今や映画ではCGを用いたCGI（Computer Generated Image）が通常の表現として成り立っている。

これらの映像3D技術はCGの一般的な要素であるVR（Virtual Reality）と呼ばれる仮想現実を没入感で満たすものとして機能してきた。近年，普及しつつある人間の錯視を利用した立体視映像も3DCGを活用し豊かな表現を生み出している。さらに今後は拡張現実感AR（Augmented Reality）と呼ばれる実世界においてCGを付加情報として挿入することで現実世界と

仮想世界を融合する研究が進められている。映画においてもCGを実写と違和感なく合成させるコンポジット技術が3DCG技術を応用し、実写映像と3DCG映像が融合することでよりリアルな表現を持つようになった。

また、モーションキャプチャと呼ばれる人体につけられたマーカーを認識するシステムで人間の動きを計測し3DCGに当てはめることで、俳優の動きに合わせてCGによるバーチャルアクターがリアルタイムに演じるという技術も開発されている。この技術は映画やテレビのバーチャルスタジオ等で用いられている。

このように3DCGはCG単独の利用から、CGと実写との合成やマッチムーブを利用したリアルタイムな合成動画イメージ生成へと活用の範囲が拡張してきた。撮影現場では合成用スタジオでブルーやグリーンの背景で役者が白いマーカーをつけて演技し、その背景がCGに違和感なくなじませるよう撮影していく。これらの映像を基にコンポジット段階でさらに画像調整を詰めていく。CGと実写を違和感なく合成するためには、実写のライティング、マスキング、スタビライジング、トラッキング等の技術が必要となってくる。

4.2.8 映像・デジタル表現Ⅳ（デジタル表現修了研究）

【到達目標】
- 修了研究として作品を自律して企画・制作することができる。
- 作品制作工程において、タイムマネージメントすることができる。
- 作品制作工程において、協力者と意見を交換しながら作業を進めることができる。
- 作品及びその制作工程をまとめて、わかりやすく発表することができる。
- 他者の作品及びその制作工程等に触れることにより評価することができる。

【授業概要】

2年間のデジタル表現技術者養成プログラムの集大成として、修了研究作品の制作及び研究を行う。独自のテーマ設定，機器の有効活用，計画性，作品表現力，プレゼンテーション能力を養うことを目的とする。最後に修了研究作品展（公開審査）及び修了研究発表会を行う。

【授業計画】

1年間を通して授業時間外の時間を使い修了研究作品制作活動を行う。
4月中：研究テーマを決定
5月〜：各研究テーマ別のグループで活動を開始。原則，提出作品は個人ごとに制作
　※ 週に1コマ活動する時間を，空いている時間割上に設定
　※ 週に平均3時間以上の作品制作活動。総時間90時間以上
　※ LMS上に毎週の活動時間を記録すること
10月初旬：中間発表会を行い，途中経過を報告
12月末：制作作品の締切
1月〜2月：制作作品の修正および作品展示へ向けての準備
3月：修了研究作品展「電脳芸術展」（佐賀大学美術館）
　　　修了研究発表会
　※修了研究作品展，修了研究発表会には学生も参加し，他の学生の評価を行う。

【授業内容】

本プログラムの集大成と位置づけられる「デジタル表現修了研究」では，長期間に渡り作品（デジタルコンテンツ）を制作する。修了研究では，あらかじめ挙げられた「セルアニメーション」「2Dアニメーション」「3DCGアニメーション」「市民映画」「Webサイト」などの中から希望するテーマを選択し，そのテーマに基づいた修了研究作品を制作する。

各テーマには人数制限があり，制限人数を超えたテーマについては，本プログラムの必修科目の成績によって第2希望や第3希望のテーマに振り分けられる。テーマ決定後はそれぞれのテーマを担当する教員や技術支援スタッフの指導の下に作品を制作する。修了研究のテーマやその詳細については，第5章で詳細に述べる。修了研究は時間割上の授業時間外に取り組む科目なので，期間中のモチベーションを維持し，計画的に作品制作に取り組む必要がある。

　作品制作の過程では，担当する教員や技術支援スタッフ，あるいは協力者と頻繁に報告・連絡・相談などを学生が能動的に行う必要がある。その間のコミュニケーションが円滑に行われれば，作品制作において自力では解決できない課題に直面した際も，他者に相談しやすいだけでなく，課題解決の過程を通して学生の制作能力も向上し，作品の完成度が高まる。また，長い期間をかけて作品を制作するため，計画性も重要となってくる（タイムマネージメント能力育成）。

　修了研究では，単に作品を制作するだけでなく，「修了研究作品展」や「修了研究発表会」を行っている。「修了研究作品展」では作品に対する相互評価を行い，「修了研究発表会」では発表に対する相互評価を行っている。また，この作品評価と発表評価の得点をもとに「最優秀賞」「優秀賞」「努力賞」（2012年度からは「特別賞」に変更）を選定している。

【まとめ】

　この作品制作過程の中で履修学生は計画力，プレゼンテーション能力，評価する力など，様々な能力を身につけていく。特にプレゼンテーションについては，修了研究だけでなく，他の全ての必修科目でも行うことで，その能力を向上させる。修了研究の最後のアンケートには，「苦手な私でもプレゼンテーションに慣れることができた」旨のコメントが多い。本プログラムでは，アクティブ・ラーニングの要素を取り入れた科目も多く，コンテンツ制作における「知識」や「技能」だけでなく，「態度」の領域も意識してカリキュラムが構成されていることも，本プログラムの特徴である。

4.3 キャリアデザイン・コミュニケーション育成科目群

4.3.1 身体表現入門

【到達目標】
- 身体的に，そして精神的に表現空間でリラックスすることができる。
- 表現空間上で自分自身と他の人を信頼することができる。
- 相手の表現を全身体的に感じ取ることができる。
- キャラクターの身体的な分析を実践することで他者と関わる自身の身体に興味を持つことができる。
- 想像力と創造力を使うことができる。
- コミュニケーション能力が身につき，これからの人間関係に取り入れることができる。
- 自分の気持ちを表現し，自分に対する自信や肯定感を持つことができる。

【授業概要】
　本科目は，全学教育機構の基本教養科目（2単位）であり，デジタル表現技術者養成プログラムの選択科目でもある。集中講義形式で開講し，定員は50名であるが，基本教養科目であるので定員内であれば全学部の学生は誰でも受講可能となっている。ただし，同プログラムの履修学生用に優先枠を設けている。
　デジタル表現技術者養成プログラムの一般教養として，またデジタル表現分野の基礎教養として必要な身体表現に関する様々なアプローチを体験する科目となっている。カリキュラムの中で，映像を撮影・編集などをすることが求められる中，被写体である身体の表現について，自分が体験してワークショップ形式で学ぶことが必要である。
　近年，従来の講義形式ではなく，主導的・能動的な学びの場を作るアクティブ・ラーニングが有効視されている。また，実践に重きを置いたワークショップと

いう手法では，指導する教員がファシリテーターという立場をとり，体験の中で学生同士からも学びを得るものである。「身体表現入門」はまさにアクティブ・ラーニング，及びワークショップの典型的な事例であると言える。演劇的手法を用いて，場面作業，ゲームや即興，演技などを体験し，表現の形を通して，様々な気持ちに向き合い，想像力を働かせることが求められる。

本科目は，理論だけではないコミュニケーションや表現に関するトレーニングを実施し，デジタル表現技術者養成プログラムの一科目として，社会で役立つスキルを学生が修得することを狙っている。

【授業内容】

本科目では，「演劇的手法」により演じることを学び，言葉と身体の両方をコミュニケーションのツールとして表現力を養うトレーニングを行う。発声や滑舌などの基礎的な口頭表現の訓練を行うことで，自身が発信する表現に自信を持つことができるようになる。また，演劇を作るプロセスでは，お互いの意見やアイデアを出し合い，そして形にすることが求められ，協調性や社会性が育まれる。自分の考えを認められることは，自己肯定感も向上させることができる。コミュニケーション能力育成を目指した様々な取組がある中で，特に学生を対象に効果をもたらすのは「演劇的手法」である。国内では，大阪大学コミュニケーションデザインセンター教授の平田オリザ氏[2]の取組をはじめとし，注目を集めている手法である。人間はそもそも日常的に演じる生き物であるゆえに，演じることを訓練することは，社会生活に役立つことにつながると言える。

「身体表現」とは自分の身体で意識的に，無意識的にも発する表現について学ぶことである。まずは自分の身体について深く意識することから始まり，身体を有効的に活用して表現をすることは，どのように身体が動いているか，連携しているかなどを知ることが求められる。また，身体基礎力（柔軟性や筋力）などからも身体についてある程度知ることができるが，身体に備わっている表現力やどのような表現方法を活用しているかを知ることが「身体表現」では極め

て重要である。「身体表現」の様々な理論の中の一つである「ラバン身体動作表現理論 (Laban Movement Analysis, LMA)」[3] を紹介し、その理論を活用して役や状況を演じることを実践する。人間は状況や役によって「身体表現」が変わったり、また自分の身体に変化を与えたりすることで、自分とは違った人間を演じることができる。4日間の授業内容を表4-9に示す。

表 4-9 「身体表現入門」の主な授業内容

日	メニュー
1日目	準備運動, 発声練習 わたし・あなた（好きなもの, 嫌いなもの） 拍手回し／ズームとバン／うさぎ・あひる・ぞう ジップ・ザップ／マイム・キャッチボール 数字ゲーム／じゃんけんゲーム 後だしじゃんけん／1,2,3 じゃんけん褒めゲーム／握手ゲーム モデル・アーティスト・粘土（言葉無し, 言葉のみ） ミラー／ダイヤモンドダンス／朝の行動エチュード わたしは木です／何やってるの？ まとめ, ミニレポート
2日目	身体表現・コミュニケーション（レクチャー） 準備体操, 発声練習／数字を床につくる ストップ・アンド・ゴー（身体造形） 立つ・座る・横になる／アルファベット ミラー／キャッチボール／プレゼントゲーム イエス・アンド／ワンワード 次何が起きる？／フリーズタッグ・ ラバン身体表現理論（レクチャー, ワークシート） まとめ, ミニレポート
3日目	準備体操, 発声練習 身体コメディー／チャップリンの映画鑑賞 ケンカのシーン作成・発表 課題シーン説明 まとめ, ミニレポート
4日目	準備運動, 発声練習 課題シーン創り／課題シーンリハーサル 課題シーン発表 まとめ・コメント アンケート, 意識調査 レポート書き・提出

【考察】

受講した学生は、コミュニケーション能力に自信が無く不安を抱えていることが多い傾向にある。また、その問題に対してどのような対処をしたら良いのかも知らない学生も少なくない。実施前後のアンケートとインタビューの調査（2010年）によると、コミュニケーション能力が高まったと実感した学生が多い結果がでている[4]。これはあくまで学生個人の見解でしかないが、コミュニケーション能力を育成する上で、他者との円滑なコミュニケーションをはかることができる第

一歩はまず自信を持つことから始まる。本科目の取組は，そのきっかけ作りであると言えよう。

　そもそもコミュニケーション能力は測定することが難しいものである。コミュニケーション能力の高低は，コミュニケーションをはかる対象である他者の主観的な判断に委ねられる。また様々な形で存在するため，コミュニケーション能力を獲得するには，他者とのコミュニケーションをはかる実践をし，自分が伝えたいことが伝わることを実感する必要がある。

　本科目では，様々な学年，学部，男女が受講している。これは多種多様なコミュニケーションが存在する現代社会におけるコミュニケーション能力の育成という視点で言うと，このようにお互いに知り合いではない異種な学生が集まることで，社会的な学びを多く得ることにつながっている。日本の学生の傾向としては，知り合い同士のコミュニケーションは非常に円滑であるが，知らない人とのコミュニケーションに問題があると言える。その対策としては，本科目のように，知らない人がいる環境で，否応なしにコミュニケーションをとらざるをえない状況におかれることで，自分を表現し受け入れられるという成功体験を得ることが重要だと言える。

　また，本科目の集大成は，人前で演劇を発表するということにある。演劇自体はコミュニケーションで成り立っているものである。登場人物がある状況を演じることによって，内容が観る側に伝わる。学生は，お互いの発表作品を観ることで，「何が伝わるのか」，「何が伝わらないのか」ということを考える機会となる。似たような内容でも表現の仕方によっては，伝わりにくくなることもある。このためには伝える側と受けとる側の両者の視点を踏まえて客観的にコミュニケーションというもの考える必要がある。このようにコミュニケーション能力を育成することにおいて，演劇的手法は極めて重要な要素であると言えよう。

【まとめ】
　学生が主体となって学ぶアクティブ・ラーニングやワークショップは好評である。時代の変化で必要視されてきている表現トレーニングやコミュニケー

ション能力育成の取組は，日本の初中等教育での実践事例もまだ少ない。しかし，これから初中等教育に限らず，高等教育においてもこれからますます重要になるであろう。

　本科目を受講する学生の中に文化教育学部の生徒も含まれている。コミュニケーション能力はどの職業においても必要なものであるが，特に教員には大きく求められる能力の一つである。そのような中で教員養成大学である北海道教育大学をはじめとする HATO プロジェクト[5]においては「演劇的手法」を活用した教員養成の大規模な実践と研究が行われている。これからの次世代を育てる教員を養成する佐賀大学においても，さらにコミュニケーション能力の育成は求められていくのではなかろうか。

(トピックス Ⅳ)　社会的に重要な「身体表現」

　筆者（青柳）はかつて 2006 年～ 2008 年に米国マサチューセッツ州のセーラム州立大学（Salem State College）演劇・スピーチコミュニケーション学科（Theatre and Speech Communication Department）にて「身体表現（Movement）」，「演技（Acting）」を指導していた。そこから得られた知見に基づき，日本の高等教育に適応させ指導している。

　近年，メールや携帯電話やインターネットなどの普及で便利な世の中になった弊害として，学生のコミュニケーション能力の低下が社会的にも問題視されている。そもそもコミュニケーション能力やコミュニケーションという言葉自体さえも日本には存在しなかった。遊びや自然体験などを通じて普通に育まれていたコミュニケーション能力は，少子高齢化などの社会の変化のため，日本でもコミュニケーションという概念が定着し，教育的にも取り組まざるを得なくなったと言える。欧米諸国では，半世紀以上前からコミュニケーションが学問として定着しており，コミュニケーション能力の育成，及び教育は存在し続けてきた。そのような中で，日本の高等教育において，とりわけ就職時におけるコミュニケーション能力の必要

性はメディアなどにも頻繁に取り上げられることから学生にも日常的に意識され，大学においても就職支援の各種講座が開かれている．しかしながら，就職活動を目前とした学生が短期間でコミュニケーション能力を向上させることは安易ではなく，手遅れであることも考えられる．無論，大学は学生を就職させるためだけの教育機関ではないが，人間の「生きる力」の一つであるコミュニケーション能力育成の実践を，学士教育課程において，初年次から取り組むことで，就職活動だけではなく，人間関係の構築や大学生活全般の充実が期待される．それゆえに，国内の様々な大学においてもコミュニケーション能力育成の取組が初年次や早い段階から少しずつ広がってきている．

4.3.2 プロデューサー原論

【到達目標】
・プロデューサーの役割を説明することができる．
・モノをつくるとき，またはプロジェクトを遂行するとき，全体（周りや将来）を考えることができる．
・プロジェクト遂行において，タイムマネージメントすることができる．
・自分の生き方や活動を振り返ることができる．
・他者の生き方や活動に助言することができる．

【授業概要】
「プロデューサー原論」は，全学教育機構の基本教養科目（2単位）であり，デジタル表現技術者養成プログラムの選択科目でもある．集中講義形式で開講し，定員は50名であるが，基本教養科目であるので定員内であれば全学部の学生は誰でも受講可能である．ただし，同プログラムの履修学生用に優先枠を設けている．

プロデューサーは，映画やテレビ番組などの制作活動の予算調達や管理，スタッフの人事などをつかさどり，制作全体を統括する．本科目では，プロジェクト立ち上げを想定して，プロデューサーの実態，プロデューサーに必要な資質，企

画・プロデュースの方法等も学ぶ。さらに自分をプロデュースするために，人生設計，キャリアデザインについて学び，自分の生き方を振り返ることができるようになることを目指す[6]。また，映画やテレビの領域に限らず，社会で活躍している様々の領域の専門家をゲストティーチャーとして招き，事業現場の状況とプロデューサーの役割等について話してもらい，学生の視野を広げることにしている。2013年度は，ゲストティーチャーとして北村和秀氏と大塚清吾氏を招いた。

【授業計画・授業方法】（以下 2013 年度）

授業概要／プロデューサーの資質／グループワーク＆プレゼンテーション／映像カメラマンの仕事／TV 番組のプロデュース／本の企画から出版まで／「鍋島文化の世界展」をプロデュースする／協同学習の基本／振り返りによる自己分析／自己 PR しよう（パワーポイント資料作成・プレゼンテーション）

授業では，集中講義形式で開講し，講義形式で概略を説明しつつ，学生のグループワーク能力を高めるために協同学習も積極的に取り入れている。また常時 LMS のフォーラム（掲示板），資料配布，課題提示・提出，アンケートなどの機能を利用して，授業の遂行を促している。

【授業実施内容】
【1 日目】

本科目では，プロデュース業務を映画やテレビ番組などの制作活動に限定せず，社会及び産業等のあらゆるプロジェクト等のビジネスプロデュース，さらにはキャリアデザイン（自分の職業人生を自ら設計し，決定すること）等のプロデュースまで広げて学修する。そのため，「学士力と社会人基礎力」からスタートし，プロデューサーの資質やプロジェクトについて，グループワークとプレゼンテーションなどの学修方法も導入しながら考えを深めるようにした。

(1) 学士力と社会人基礎力

基礎学力や専門知識だけでは，企業や若者を取り巻く環境変化についていけないことから，経済産業省は 2006 年に職場や地域社会で多様な人々と仕事を

していくために必要な基礎的な力として「社会人基礎力」を提唱した[7]。それは「前に踏み出す力」「考え抜く力」「チームで働く力」の3つの能力から構成されている。

文部科学省の中央教育審議会は2008年に「学士課程教育の構築に向けて」答申を行った[8]。その中の学士力として，「知識・理解」「汎用的技能」「態度・志向性」「総合的な学習経験と創造的思考力」を挙げている。「佐賀大学学士力」はこの学士力を参考に作成してある。

(2) プロデューサーの資質

プロデューサーがビジネスを創造する場合の模式図を図4-15に示す[9]。目標・使命，例えば，「人が入れないところでも侵入できるロボットを開発し，新ビジネスを立ちあげたい」の使命の下で，某プロジェクトを立ち上げ問題を解決し，新ビジネスとして立ちあげられるかは，プロデューサーの力量による。プロデューサーには，①明確なビジョンの下に他者を帰依させる求心力を発揮できるリーダーシップ力，②業務の進行に合わせて起きる可能性のあるリスクや障害を予見して円滑に業務を進行させる能力，③異質な能力や未経験な領域に積極的に関心を持ってプロジェクトに活かす積極性，などが求められる。ビジネスプロデューサーの専門能力をまとめたもの[10]を表4-10に示す。

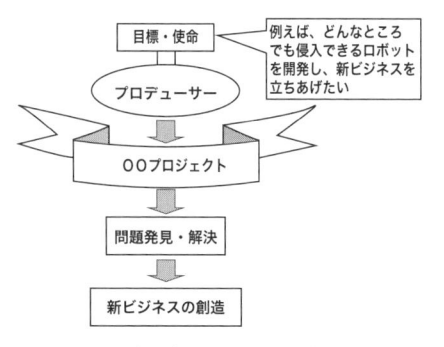

図4-15 新ビジネスを創造するプロデューサー（文献9から引用）

表4-10 ビジネスプロデューサーの専門能力（文献10から引用）

- アナリスト
  時代が何を求めているか，正確に分析しなければならない
- プランナー
  プロジェクトの流れを計画する
- コンセプター
  コンセプトを創造する能力が必要。コンセプトが共有されてはじめて，メンバー間のコラボレーションが可能になる
- プレゼンター
  人前でもプレゼンテーションができないと，プロジェクトのメンバーからも仕事の依頼者からも支持されない
- シナリオライター
  プロジェクトを設計する能力。シナリオをつくるように，ある種の未来を読む力を備えていることが重要になる
- マネージャー
  仕事全体を管理することがビジネスプロデューサーにも不可欠である
- 演出家
  演出とはシナリオにアクセントを付けることだが，これによって何が重要なことであるか一目瞭然になる

(3) 大学祭でイベントをプロデュース

【使命】大学祭に参加して，大学祭を盛り上げるイベント（例えば，模擬店など）を実施する企画をせよ。大学祭は2ヶ月後である。

【活動】グループ（5名）に別れ，企画・実施等を行う組織（役割）を決めて，イベントとして何をするかディスカッションからスタートした。イベントを成功させるために，大学祭までの準備や大学祭を具体的にどのように進めるか，計画を立てた。Microsoft社の Power Point(PPT)を用いて，企画名，組織（役割），企画内容，準備作業，当日の作業，実施経費や収益，リスク等についてまとめた。PPTは逐次，グループの代表者がLMSのフォーラム「PPT提出」にアップロードした（何度でもファイルは入替可能）。最後に，グループ毎に1企画5～6分でプレゼンテーションを行った。

【2日目】
(1) TV番組をプロデュース

ゲストティーチャーの北村和秀氏から，2012年に佐賀大学学生らがボランティアで制作した市民映画「ライウマ[11]」(1時間30分)を視聴して，その感想とアドバイスがあった。感想としては，「若い息吹，力を感じたし，映像文化への思いが伝わった。しかし，照明で演出効果を高め，カメラ操作の基礎を押さえ，演出の意図を理解すれば，もっとよくなる」などのアドバイスがあった。

TVプロデューサーは，テレビ番組（ドキュメンタリー，ドラマ，バラエティー，スポーツ，その他）をプロデュースする。制作活動の予算調達や管理，スタッフの人事などをつかさどり，制作全体を統括しなければならない。テレビ番組のプロデュースの1例を挙げると，企画→稟議→予算枠→放送枠→収支管理決定→スタッフ→役者→協力会社→ロケ→編集→試写→考査→番宣→権利→放送となる。番組を作るには，優れた能力と経験を持ち，取材倫理が必要である。視点は，視聴者であること，発想は大胆にすること，表現は半歩先を見ることなどの具体的なアドバイスもあった。

(2) 本の出版をプロデュース

ゲストティーチャーの大塚清吾氏は単なる写真専門家に留まらず，フォトジャーナリストとして，多数の著書を出版している[12]。1979年には，NHK特集「シルクロード」の日中共同取材に参加し，作家井上靖氏と一緒に河西回廊，敦煌を取材している。1981年には，銀座松坂屋にて「シルクロード」写真展，佐賀玉屋にて「シルクロード・敦煌」個展と「佐賀にわか・筑紫美主子の世界」個展を開催した。その後も，活動範囲は広がり，「鍋島文化の世界展」などをプロデュースした。

授業では，「仕事はボランティアではないので，取材や書籍の出版も，展示会等も契約を行って進めること」を力説しながら，企画してから出版するまでをプロのフォトジャーナリストの立場で詳しく解説した。

【3日目，4日目】

(1) 協同学習とブレイン・ストーミング法及びKJ法

協同学習の基本である，グループ内での傾聴とミラーリングを併用して自己紹介・他己紹介を行った後，グループ内の他のメンバー3名のレポートを読んで，疑問点を考える。Aさんのレポートについて，他の3名が疑問に思った点を質問する。B, C, Dさんについても同様に，疑問に思った点を質問する。話し合っても解決しなかった疑問点を，全員の前で発表した。

また，「プロデューサーの資質として重要なものは何か」について，ブレイン・ストーミング法及びKJ法で意見の集約を試みた。

(2) 振り返りによる自己分析

自分を振り返り，自己について考えるためのシートの書き方を説明後，各自シートに記入。シートは「生きる目的」「自分の好きなこと分析」「得意なこと分析」「仕事の分析」「人生計画」の5つのExcelシートを利用した[13]。

(3) 自己PRしよう

自己PRのPPT資料を作成した。グループに別れて，自己PRのプレゼンテーションを行った。自己PRに対して他者から質問し，よりよくなるようにアドバイスを受ける。それらを受けて自己PRのPPT資料を仕上げる。再度振り返りによる自己分析を実施した。

【まとめ】

本科目では，テレビ番組や映画のプロデューサーに限定せず，むしろビジネスプロデューサーに焦点を当て，プロデューサーに必要な資質や企画・プロデュースの方法等を学び，学士力や社会人基礎力の向上に活かせることを期待している。

ビジネスの世界でもアートの世界でも独創性が基本的な価値となる。プロデューサーは，既成の組織での標準化でなく，独創的なモノやコトを生み出す

役割がある。プロデューサーは，メンバーのコラボレーション力（異質な能力の人の共同作業）を持ったプロジェクトの推進者であり，率先してモノやコト作りに参加する指導者ではない。

【補足】グループ作成のルール
- 同じ学科で同じ学年の学生は，同じグループにならない。
- 他学年・他学部の学生が混ざっていた方がよい。
- 原則4人1グループで，グループのメンバーは日替わりとする。
- なるべく初めての人と同じグループになって，交流の輪を広げる。
  * ディスカッションを行うと，ほとんどの人から「他の人の意見が聞けて良い・ためになった」という感想が聞かれる。裏を返せば，あなたの意見が他の人のためになっている，役立っているのである（協同の精神：文献25参照）。

◇ 本授業は2名のゲストティーチャーに，プロデューサーとしての経験を語っていただいた。この場を借りて感謝の意を表す。

◇ 2013年度のゲストティーチャーの紹介

【北村 和秀】
サガテレビ入社後，技術課，カメラ，SW・照明，報道制作などTV業界の様々の仕事分野を経て，鳥栖支局や福岡支社などでも報道制作を手掛け，最後には同系列会社のSTSプロジェクトの社長として，2012年に退任するまで活躍した。

【大塚 清吾】
佐賀県在住のフォトジャーナリスト。NHKの「シルクロード」「海のシルクロード」の取材を通じて，現在では撮影が許可されない細部まで写真に多数収めてきた。また，国内では朝日グラフに掲載された歌舞伎や伝統技術の取材写真も多い。これらの写真は芸術的な面と文化伝承の面を持つ

ている。氏は，佐賀大学デジタル表現技術者養成プログラムの非常勤講師として，「画像へのアプローチ」や「伝統工芸と匠」などを担当している（4.4.1節と4.4.2節参照）。

4.3.3 教育デジタル表現

【到達目標】
- Moodleの基本機能を理解し使うことができる。
- 目的に応じた教材を制作することができる。
- 数名のグループで協調してコースを作成することができる。

「教える」という行為は，相手に正しく「伝える」ということと等しく，教員を目指す学生だけでなく，すべての学生に必要な能力である。またこれから社会に出ていく学生は，ICT機器を必要に応じて活用する知識とスキルも不可欠である。そこで，教育でのICTの有効利用を模索して，教える立場・学ぶ立場双方からのeラーニング利用について学ぶ授業として，本授業を教養教育の科目として開講している。

本授業では，LMSとしてMoodleの基本機能を学ぶとともにMS WordやMS PowerPoint（PPT）などのソフトウェアも使用することでICT活用スキルを身につける。また，グループで一つのものを完成させるときに，授業全体の統一感を持たせるために協調し，他のグループとの関わりを通じて，正確に伝えることを学ぶ。したがって，「開講意図」としては，これからの教育にはICTの活用が必須であり，この授業で学んだことを，他の授業でのICTの有効活用に生かして欲しいという願いがある。

【授業概要】
インストラクショナルデザインに基づいて，学習管理システム（LMS）や各種ソフトなどICTを活用する教育（人に教えること・伝えること）について学ぶ。

学生，教員双方の立場でのLMSの利用（Moodleを使用），グループ協調学習，PPTを利用した講義テキスト作成やプレゼンテーション，および課題作成（小テスト，レポート等）を行い，数人のグループで一つの授業を作成する。

　ICT活用教育というと，ともすれば機器やソフトウェアの活用に視点を向けるが，本授業では，通常の講義の中で一つのツールとしてどのような場合に利用すれば良いか，ということに視点を置き，教育・学習での活用を実践している。また本授業では，最近改めて注目を集めているアクティブ・ラーニングとして，協同学習の手法をICT活用と同様に一つのツールととらえ，通常の授業に自然な形で導入するべく試行している。

【授業計画・授業方法】

　授業の内容を表4-11に示す。教員から学生への講義は，初日のガイダンス以降主に「Moodleの使い方」と「他のLMSの利用」の回で，それも実習を行いながらその場で一通りの使い方を修得できるようになっている。その他の回では，学生が個人やグループで失敗しながらも自分たちで実際に様々な体験をして，授業の完成を目指すようにしている。

【授業実施内容】

　佐賀大学では，eラーニングで使用するLMSとして，用途に分けてMoodleを運用している[14)-16)]が，本授業では，学生が教員権限でアクセスするために，別途授業のためのサイトを構築してい

表4-11　授業内容

授業	授業内容
1	ガイダンス：この授業の進め方，内容の説明
2	Moodleの使い方(1)
3	コース作成準備，グループ・ディスカッション
4	Moodleの使い方(2)
5	Moodleの使い方(3)
6	プレゼンテーション，授業内容作成(1)
7	授業内容作成(2)
8	コース作成：テキスト(PDF)，課題，小テスト
9	他のコースの受講(1)
10	課題の採点，講義作成
11	その他のMoodleの機能，講義作成
12	コースレイアウト
13	他のLMSの利用，コース内容の整備
14	他のコースの受講(2)
15	コース作成の相互評価
16	定期試験（レポート）

る。他の授業でも利用している「科目履修用サイト」の本授業のコースでは，学生としてLMSの基本的な機能を学び，その機能を様々な場面で実際に使用することで，活用方法を考えていく。同じ機能でも，設定や使い方を変えることで，授業内で異なった使い方ができ，その際に教員がどのような設定をしているか，教員はどのように学生の学修状況を参照するのか，なども学ぶ。学生には，直接成績に関わるような情報を除いて，できる限り教員の仕事を公開し，eラーニングを実施するときにはどのようなことを行っているのかを示している。また，その際にシステム内に蓄積される情報についても示している。表4-12には，どのような場面で，LMSを始めとするICTを活用しているか，本授業で使用している機能の主な活用場面をまとめた。

表4-12 授業でのICTの主な活動事例

	授業での用途	機能	備考
1	Moodle使用法等のオリジナルテキスト公開	pdfの提示（Moodleのリンク機能）	教員からの資料提示
2	授業前アンケート，授業報告	Moodleのフィードバック機能・課題機能	内容を学生へ個別にpdfで返却，授業の振り返り
3	レポート課題	Moodleの課題機能，MSWord	教員へのレポート課題の提出
4	掲示板，談話室，自己紹介	Moodleのフォーラム機能	eラーニングにおける情報交換
5	作成授業の希望提出	Moodleの投票機能	投票結果によるグループ分け
6	グループ内外の情報共有	Moodleのフォーラム機能	eラーニングにおける情報共有
7	eラーニングのビデオコンテンツの視聴	MoodleのSCORM/AICC機能	佐賀大学のeラーニングの授業の受講体験
8	作成する授業で利用するMoodleの機能	Moodleのフィードバック，投票，フォーラム，リンク，課題，小テスト	授業を作成するときに利用する基本的なMoodleの機能
9	フォーラムからのメール	Moodleのメール購読	大学のメール参照の習慣化
10	授業内容のプレゼンテーションとシラバス	MS PowerPoint，Moodleのリンク機能，フォーラム機能	グループ内の情報を出し合って資料を作成
11	Moodle以外のLMS利用	大学のポータルシステム	Moodleの機能の応用

　教員は，授業を開始する前に，その科目のシラバスを考え，学生に開示する。その授業でどのようなことをどのようにして学んで欲しいか，その手順，到達目標，評価方法などを明記する。学生には，シラバスをよく読み，自分が今どのようなレベルで，この授業を受講後はどのようなことができるようになりたいかを考えてもらい，自分の言葉で目標を書いてもらう。毎回の講義が終わっ

たら，「受講報告」として，その日に学んだこと，授業に対する意見・感想とともに，「来週までに行うこと」を記述する。そして，次回の授業開始時に，前回の授業以降の「授業外での学修時間」を申告し，「授業のために行ったこと」を記述する。つまり，毎回目標設定と振り返りを行うことで，授業の目標を再確認し，学んだことを記録している。毎回の講義での振り返りの記録は，学生が提出した時点で，「報告」として教員は参照できる。これを学生に返却することで，目標や問題意識をもって毎回の授業に取り組むことに役立っている。授業全体を通してどのような学修活動を行ってきたかという学生自身の授業記録として利用されている。

　この授業では，ICT活用とともに，数人の学生がグループになって一つの授業を作成するという授業形態をとっている。今までは，授業作成を開始する時点でグループを作成し，授業作成に取り組んでいた。しかし，2014年度は，初回のガイダンスの自己紹介の時点から協同学習の「自己紹介・他己紹介」を取り入れることで，初めから「協同」を意識した授業づくりを行った。

　授業作成のためのグループは，作成する教科別に作るが，それまでの授業で，仲間づくりの練習をしているので，グループに分かれたときからすぐに「交流すること」に抵抗がなく，発表者によるグループのメンバー紹介もスムーズに実施できた。全学の学生対象であるため，なるべく他学部・学科との交流ができるようにグルーピング時に配慮したが，授業前の同級生との会話と同じようにグループ内で交流し，協力して学修する姿が顕著に見られた。また，「手分け」して作業するのではなく，全員がそれぞれの担当部分を完成できるように教えあう姿が例年以上に見られた。これらのことは，協同学習の成果の一つと言える。

　授業の中での変化は，わずかなものではあるが，以前から続けてきた毎回の授業の振り返りやレポートなどからもその一端を伺うことができた。技術の修得だけでなく，仲間からのコメントを素直に受け入れて自分自身の学修への取組を考え直すきっかけとしていること，eラーニングを使って教えること・伝えることの難しさを感じるだけでなく，授業内容を改善することでどうすれば伝わるかを真剣に実践する姿が見られた。

【まとめ】

　人と人の対面でのかかわりを重視する協同学習と，パソコンに向かっての作業が多い ICT を活用した授業は，対極にあると考える人も多い。しかし，協同学習に ICT の技法を取り入れ，また ICT 活用教育に協同学習の技法を取り入れることで，より良い授業にすることは可能である。これまでの授業改善でも，授業サイトへのアクセスが増加し，授業の放棄者が減少していく現象が見られたが，2014 年度の授業でも放棄者は 1 名のみで，ほとんどの学生が最後まで積極的に授業に参加していた。

　本授業では，ICT 活用教育と協同学習を始めとするアクティブ・ラーニングで用いられる技法・手法を，一つの「ツール」として，授業の中に取り入れる方法について実践事例として紹介したが，このような実践事例を，結果の良し悪しにとらわれず多くの教育関係者が共有することで，今後より良い教育環境が構築できるものと考える。

4.3.4　インストラクショナルデザイン

【到達目標】
・インストラクショナルデザインの基本概念を説明することができる。
・５つのプロセス「分析→設計→開発→実施→評価」を回すことができる。
・自分の学生生活の設計や生涯設計ができるようになる。

　「インストラクショナルデザイン（ID）」は，デジタル表現技術者養成プログラムの選択科目として，また全学教育機構の基本教養科目（2単位）として，2009年度からeラーニングと対面式を組み合わせたブレンディッド型授業として開講した。定員は100名であるが，基本教養科目であるので定員内であれば全学誰でも受講可能となっている。2012年からは，15回分のコンテンツを完成してeラーニングだけで行うVOD型フルeラーニング（佐賀大学ではネット授業と呼んでいる）で行っている。

　デジタル表現技術者養成プログラムの中には学生によるLMSコンテンツの作成の科目「教育デジタル表現」があり，授業設計の考え方を身につけておく必要がある。また，IDはコンテンツ制作過程の全体像を把握する重要な知識と技術を提供することから，デジタルデザインのクリエーターとしては履修しておくことが必要である。

【授業概要】
　大学などで行われている授業設計を目的としたIDを講義する。IDを学ぶ上での基礎を学んだ後，ニーズ分析，タスク分析，学修目標分析，ICTの活用，メディア分析などについて学び，IDの基本概念を修得する。

【授業計画】
　Instructional Design（ID）は，「教育設計」と訳され，それぞれの環境において最適な教育効果をあげる方法の設計を行うことを目的としている[17]。IDは企業や大学など多方面の教育に導入されている。IDのインストラクション

は単に教育方法だけではなく，各種の機器操作のマニュアルや道路標示などから経営戦略まで「何かを教えること」はすべてインストラクションであり，「何らかの行動を引き出すための仕掛け」[18] と広く捉えられている。教授と学修の環境を分析し，教授・学修過程の中でどのような条件や基準が必要であり，最適化の手順を組むための方略を探し出すためのものである[19) 20)]。

　IDの手順は，図4-16に示すように大きく①ニーズの評価と分析，②設計，③開発，④実施，⑤評価に分けられる。この5つのプロセスをたどることで，一定品質で均一性の取れたコンテンツを開発することができるとされている。このとき各プロセスにかける時間は，おおよそニーズ調査・分析がプロジェクト全体の1/3，設計・開発がプロジェクト全体の1/3，実施・評価がプロジェクト全体の1/3となる[21]。

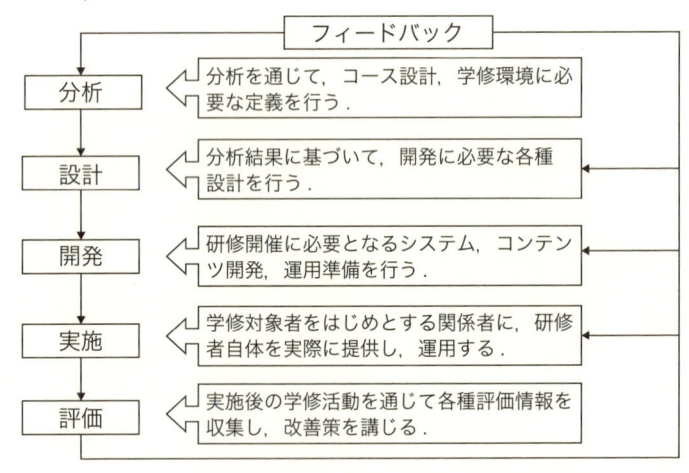

```
          ┌──── フィードバック ────┐
          ↓                        │
        ┌────┐ ← 分析を通じて，コース設計，学修環境に必
        │分析│   要な定義を行う．
        └────┘
          ↓                        │
        ┌────┐ ← 分析結果に基づいて，開発に必要な各種
        │設計│   設計を行う．
        └────┘
          ↓                        │
        ┌────┐ ← 研修開催に必要となるシステム，コンテン
        │開発│   ツ開発，運用準備を行う．
        └────┘
          ↓                        │
        ┌────┐ ← 学修対象者をはじめとする関係者に，研修
        │実施│   者自体を実際に提供し，運用する．
        └────┘
          ↓                        │
        ┌────┐ ← 実施後の学修活動を通じて各種評価情報を
        │評価│   収集し，改善策を講じる．
        └────┘
```

図4-16　インストラクショナルデザイン（ID）の過程（文献20から引用）

　また図4-17にIDの詳細過程を示した[20]。実際のIDの授業計画を次に示す。

1. ガイダンス
2. 総論
3. 学びとは何か
4. 授業設計I

5. 授業設計 II
6. 授業設計 III
7. 学修と ID
8. ID モデル
9. ニーズ分析
10. 学修者と環境
11. タスク分析と知識, 技能, 態度分析 I
12. タスク分析と知識, 技能, 態度分析 II
13. 学修目標分析の前提・学修目標分析
14. e ラーニングシステム(学修への ICT の活用)
15. メディア分析
16. 期末レポート

【授業実施】

本授業は, ネット授業である。授業をきちんと受講できる環境(インターネットに繋がった PC)を整えることが受講の前提である(自宅で受講できなくても総合情報基盤センター等の学内施設で受講はできるが, 利用できる時間帯は決まっているため注意が必要である)。

開示する試験問題等は, 毎回の小レポート及び期末レポート

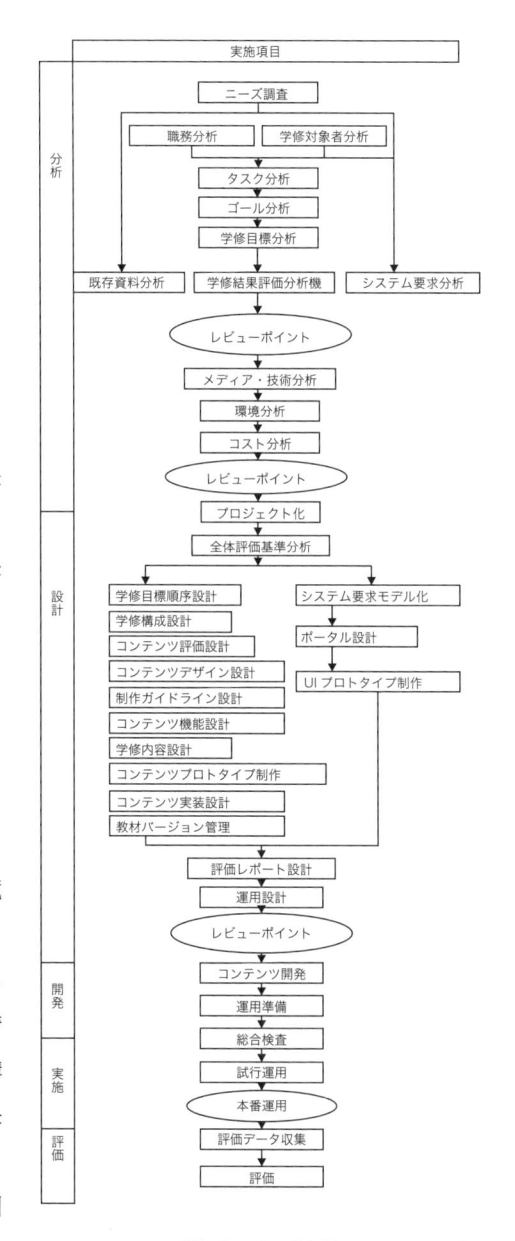

図 4-17 ID の詳細な過程（文献 20 から引用）

であり，開示は毎回の小テストはオンライン上で行っている。期末レポートについては，希望者はeラーニングスタジオにて開示している。

4.3.5 授業支援入門

【到達目標】
・大学教育の授業支援をすることができる。
・同僚または後輩に教えることができる。
・知らない他者とコミュニケーションをとることができる。
・協同学習の理念を説明することができる。
・アクティブ・ラーニングについて説明することができる。

「授業支援入門」は，全学教育機構の基本教養科目（2単位）として，2013年度から開講した。本科目は，デジタル表現技術者養成プログラムの選択科目でもあり，集中講義形式で開講した。定員は40名であるが，基本教養科目であるので定員内であれば全学誰でも受講可能となっている。ただし，同プログラムの履修学生の優先枠も設けている。

デジタル表現技術者養成プログラムを遂行する上で，多忙な教員の負担を軽くするためにも学生による授業支援体制が必要である。そのような授業支援を行う学生（チュータ）は，デジタルコンテンツのクリエート能力があり，かつ教育方法についても理解を深めている学生が望ましい。そのような学生を育成する科目の一つとして，「授業支援入門」を開講することにした[22)23)]。本科目では，優れた教育方法を先導的に実施している大学教員等をゲストティーチャーとして招き，実践的な教育方法を学生に体験させると同時に佐賀大学の教員は優れた教育方法を修得することに務める。学生が優れた教育方法等を幅広く体験して，先進的教育の授業支援員として佐賀大学の教育に携わることができれば，優れた教育支援システムの構築が期待できる。

【授業概要】

　主体的・能動的な学びの場をつくるには，アクティブ・ラーニングが有効である。これを実施するためには，授業を本格的に支援する体制が必要であるが，そのためには，アクティブ・ラーニングの教授方法をある程度理解しておいた方が優位である。よって本授業では，アクティブ・ラーニングについて理論と実践を学ぶ。

　アクティブ・ラーニングとは能動的な学修で，最近注目されているアクティブ・ラーニングは，高次のアクティブ・ラーニングと呼ばれるものである。アクティブ・ラーニングは単に双方向であるというだけでなく，少人数のグループワーク等で学生が主体的に意思決定を行うことに意義があるとされている。学生同士で教え合う学修はピア・ラーニングと呼ばれる。これらを併用することにより，効果的な教育が実現できる。また，授業の絶対評価方法として，ルーブリック評価法[24]の導入が推奨されようとしている。ルーブリック評価とは何か，初歩的なところについても学ぶ。

　このような授業は，教育手法や評価方法を学ばなければならない教職課程の学生だけでなく，企業や公務員を志望している学生にとっても，それらの能力を修得する機会となる。これらの能力は一朝一夕に修得できないが，授業における体験や実践を通して授業の在り方や授業の進め方を理解することは，将来の大きな糧になるだろう。

【授業計画】

　話し合いスキルの基本，協同学習の基本技法／話し合い学習法の構成とプラン／ジグソー学習法／LTD話し合い学習法の実践法／ルーブリックについて／統計教育について／統計的品質管理，単純統計から傾向を探る／紙飛行機の機体の測定と結果のばらつきとその要因／必ず成功するアイス・ブレイクのコツ／ブレイン・ストーミング（アイデアを出す方法）／KJ法（アイデアをまとめる方法）／プレゼンテーション（アイデアを伝える方法）／反転授業／タイムマネージメント／大学生活での目標設定／全体のまとめ

2013年度は,「授業支援入門」が開講1年目という事情もあり,アクティブ・ラーニングを先導的に実施している大学の3名のゲストティーチャーを招き,実際にグループワーク(GW)等を体験しながら授業を進めることにした。

【授業実施内容】

　科目の内容は,アクティブ・ラーニングを中心とした教育方法とルーブリックやその基礎となる統計処理を含めた評価方法について体験を通して学ぶことである。

　すべての授業でグループワークを行うため,40名の学生を1グループ4名の10グループに分けた。4名の集団を「グループ」「班」「チーム」など異なる名称で呼び授業を実施したが,ここではグループという表現で統一する。できるだけ多くの人とコミュニケーションを取れるように,毎回,グループのメンバーが異なるように工夫した。また,履修学生の男女構成比が1:1であったので,グループのメンバーの男女構成比も1:1になるようにした。

(1) 協同学習の基本とLTD話し合い学習法

　協同の精神は,仲間づくりに込められた創意工夫であり,自分の学びが仲間の役に立ち,仲間の学びが自分の役に立つことを理解するところから始まる。協同学習の基本は,傾聴とミラーリングである。話し合いの基本技法には「シンク＝ペア＝シェア」,「ラウンド＝ロビン」や「ジグソー法」がある[25)-27)]。グループワークでは話し合える能力を向上させる狙いがあり,時々立って行うのも効果的であることを体感した(図4-18)。LTD話し合い学習法とは,課題文(テキスト教材)を読解する理想的な学修法であり,対話法である。LTD過程プランに沿って課題文を学ぶことにより,教材の理解が深まり,活用力が高まる。予習とミーティング(授業)から構成されるところに特徴があり,そ

図4-18　GWは時々立ってやる

れを厳守できれば，教育成果は飛躍的に向上する。

(2) 身近な統計

統計は，今や文系・理系を問わず勉強しておかなければならない学問分野である。初中等教育では，すでに統計の必修化が行われている。この授業では，難しい数式を使わないで，身近な統計を体験した。数学を例にルーブリックの基本を学んだあと，単純集計から傾向を探る試みを行った。都市部のA高校と地方のB高校の友人関係の調査アンケートを使って，グラフの使い方，分析を行った。さらに，紙飛行機を折る，グループで性能の測定，さらに発表して確認し合うことにより，統計の基礎を経験した（図4-19）。

(3) アイデアを出してまとめる方法

「大学で深い学びを行うには何が必要か？」というテーマに対し，ブレイン・ストーミングでアイデアを多数出し，KJ法で整理して，さらにポスターを作成して，プレゼンテーションを行い，意見を出し合いながら，大学教育について考えを深化させる方法を経験した（図4-20）。

図 4-19 紙飛行機を折って飛ばして統計処理を実感

図 4-20 ブレイン・ストーミング＆KJ法で意見を集約

(4) 反転授業

伝統的な授業スタイル（一斉授業）は，教室の講義で知識を伝達し，自宅等で復習することにより，知識を定着するのが基本である。反転授業は，自宅等で動画講義等により学修し，主な知識を修得する[28]。そして，教室では学修してきたことをもとに協同学習等の方

法で発展的な課題に取り組むことにより知識の深化をはかる。動画教材「学生生活における目標設定とタイムマネージメント」を使って反転授業を体験させた。

最後に，全体のまとめとして，アンケートを実施した。期末試験としてレポート提出を求めた。

【考察】
(1) 問題点
- 机固定の教室でもアクティブ・ラーニングが実施できないことはないが，固定机でない方が，教育効果の高いといわれている各種の授業方法が実施できる。今後の教室設計では，固定机にすべきかどうかは大学の教育方針も充分に考慮すべきであろう。
- グループワークの場合，遅刻する学生でいると学生の主体的な活動が乱れてしまう。日ごろ，授業時間を厳守させる躾ができていないのが原因である。教員の反省点でもある。
- Excel の利用スキルが低い。統計処理を体験するにあたり，講師側が想定していた統計学の基礎や Excel の統計にかかわる関数に対し，学生の能力（理解度）は全く達していないことが判明した。高校までの情報教育ができていないとも考えられるが，Word，Excel，PPT は，あらためて授業で習うようなものでなく，主体的に学んでおくべきものである。

(2) アンケート結果
授業の最後に，LMS 上でアンケートを実施した。アンケート項目は，27 項目あったが，その中からいくつかを紹介する。

本科目を履修したもので，卒業後の進路として希望している学生は，企業への就職が最も多く 64% であった。この授業が対象としていた教員志望の学生は最も少ない 24% であった（図 4-21）。

学生の授業への参加意欲や理解度についての質問項目では，授業日程により数値は異なるものの，学生は毎回授業に積極的に参加するようにしている（図

4-22)。この授業を通して学んだ内容について「今後の大学生活に役立ちそうなテーマ」(多肢選択)の回答としては,「協同学習」,「LTD」及び「ブレイン・ストーミング」の3項目が多かった(図4-23)。これらのアンケート回答について,学生の志望進路別にみてみると,教員志望は「協同学習」,公務員志望は「ブレイン・ストーミング」,進学志望は「統計処理」の選択が多かった。

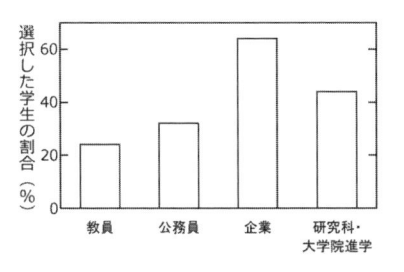

図4-21 卒業後の希望進路(複数選択)

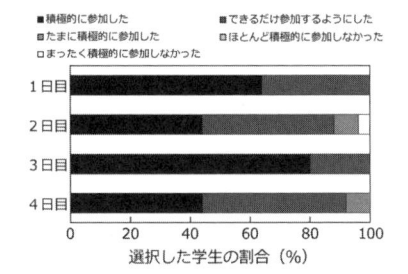

図4-22 授業への参加意欲

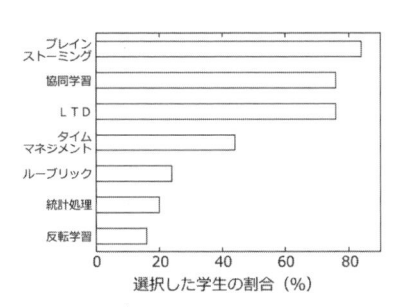

図4-23 今後の大学生に役立ちそうなテーマ(複数選択)

【まとめ】

本科目は,学生の主体的学びに効果的とされている能動的学修方法をデジタル表現技術者養成プログラムの学生を中心に実施した。居眠りする暇もないハードな授業であったが,履修した多くの学生には好評であった。

これらの授業方法が,従来の対面授業の一部に組み込まれるだけで学生は主体的に学び,大学教育を深化させることに繋がる。これらの授業方法を意識して導入すれば,大学教育は少しずつ変わり始めることが期待される。佐賀大学を含む大学の教職員の多くは,学生に表現力やコミュニケーション能力を修得させるスキルを求めている。2013年度の授業は,教職員や授業支援員が効果的な授業方法を学修するためのDVD教材としてまとめた。質の高い教育を実施するためには,教材を提供するだけでなく,実際に授業に組み込んだ教員や授業支援員から

のフィードバックを収集して授業分析を行っていくことが必要であろう。

◇謝辞

本授業は，3名のゲストティーチャーに，アクティブ・ラーニングの醍醐味を学生に提供していただいた。この場を借りて感謝の意を表す。

> ◇2013年度のゲストティーチャーの紹介
> 【安永　悟】
> 　久留米大学教授。初年次教育学会の会長。協同学習とりわけ「LTD話し合い学習法」の導入について，久留米大学を拠点に全国的に積極的な活動をしている。本授業では「LTD話し合い学習法」については，実践例にも言及しながら，その基本的な考え方と方法，および期待される効果を紹介いただいた。なお，LTDはLearning Through Discussionの略語。
> 【椋本　洋】
> 　元立命館大学教授。学校経営モデルの構築と高大連携についての専門家。学習指導要領の改訂にあたり，数学教育の新しいモデルを探究。新しい指導要領の実施が目前に迫ってきた。学会等の方向性も視野に入れつつ新しい数学教育のモデルを探究している。本授業ではルーブリックとは何か，数式を使わない統計学をご紹介いただいた。
> 【秦　敬治】
> 　元愛媛大学教授，現在追手門学院大学教授。教育学のうち，教育経営学の視点から，大学を運営する際に重要な教職員の人材開発（SD/FD），大学における人事制度の在り方，大学職員の専門性の確立，大学経営情報分析の方向性（IR），効果的なリーダーシップ教育プログラムや手法について研究を行っている。本授業では，アイデアを出してまとめる方法として，ブレイン・ストーミングとKJ法を体験させていただいた。

4.4 映像関係科目群

4.4.1 画像へのアプローチ

【到達目標】
- 写真（静止画）を見て，その本質を捉え，説明することができる。
- フォトジャーナリストの考え方や仕事に対する情熱を自分なりに説明することができる。
- 写真を通して，中国や日本の歴史・伝統・文化を話すことができる。

「画像へのアプローチ」は，全学教育機構の基本教養科目として開講されている科目であり，デジタル表現技術者養成プログラムの選択科目に指定されている。定員は100名で，全学部の学生が受講することができる。

なお，デジタル表現技術者養成プログラムの学生については，30名の優先履修枠を設けている。

【授業概要】

デジタル表現技術を修得するにあたり，写真に代表される静止画を構成する「構図」の捉え方が重要となってくる。この科目では動画の基本ともいえる静止画の見方と考え方を理解することを目標としている。

講義では，講師がこれまで，フォトジャーナリストとしての仕事で見てきた世界を，写真を通して解説する。実際の撮影者の解説を聞きながら写真を見ることで，ものの見方や捉え方，考え方の重要ポイントについて理解を深める。また，題材となった写真を通して，歴史・伝統・文化についての見識を深める。

【授業計画】

授業計画は次の通りである。

ガイダンス／私が考える文化の意味と形／歌舞伎Ⅰ／歌舞伎Ⅱ／沖縄での体験／金城次郎の世界／景徳鎮と有田のやきものⅠ／景徳鎮と有田のやきものⅡ／木村伊兵衛と私Ⅰ／木村伊兵衛と私Ⅱ／大黄河Ⅰ／大黄河Ⅱ／シルクロードと井上靖Ⅰ／シルクロードと井上靖Ⅱ／上海博物館／春日大社の構図

【授業方法】

授業は，教室での対面授業で行う。パワーポイント（PPT）を使い，写真や資料を示しながら講義を行う。毎回の講義後には，講義内容の要点や感想をまとめた小レポートを提出させる。また，講義内容に関する質問についても，小レポートに記述させ，翌週の授業で回答する。

【考察】

この講義で教材として使用する写真は，学生の普段の生活では目にすることのない，貴重な写真である。特に，シルクロードや敦煌・莫高窟など，中国国内の遺跡や遺物，風景の写真は，現在は撮影することが許可されない貴重なものである。それら貴重な写真を見ることができ，かつ，その写真についての解説を撮影者本人より聞くことができる。一枚の写真の説明だけに留まらず，その被写体の歴史的な背景，文化的な背景などについても学び，様々な見識を深めることができる。貴重な写真をもとに，普段ではなかなか知りえない情報を得ることもできる。そのため，講義後の小レポートへの記述を見ても，講義内容への学生の関心度は非常に高かった。

4.4.2 伝統工芸と匠

【到達目標】
- 佐賀県内の様々な伝統工芸について，その内容を説明することができる。
- 様々な伝統工芸の匠の生き方を説明することができる。
- 伝統工芸を通して，歴史・伝統・文化を語ることができる。

地域には陶磁器，漆器，織物，仏具など様々な優れた伝統工芸品がある。これらは手作業を中心とした伝統的な技術・技法により生産され，そこには伝統工芸産業を守り発展させた産地の実状や歴史・文化があり，人々が地域社会を営む上で欠かすことのできないものとなっている。

「伝統工芸と匠」は，全学教育機構の基本教養科目として開講として開講されている科目であり，デジタル表現技術者養成プログラムの選択科目に指定されている。定員は100名で，全学部の学生が受講することができる。なお，デジタル表現技術者養成プログラムの学生については，30名の優先履修枠を設けている。

【授業概要】

佐賀県の伝統工芸といえば，まず「有田焼」が思い浮かぶが，それ以外にも様々な伝統工芸があり，素晴らしい技術を持った職人，いわゆる「匠」と呼ばれる方々がたくさんいる。講義では，講師がこれまでフォトジャーナリストとしての仕事を通して出会ってきた，佐賀県内で伝統工芸に携わる方々を取り上げ，映像と写真で紹介する。

伝統工芸の歴史・技術について見識を深めるとともに，それぞれの「匠」の生き方を見ることで，受講生らのこれからの人生に生かして貰いたい。

【授業計画】

授業計画は以下の通りである。

ガイダンス／佐賀の匠概論／奥高麗の世界：中溝賢三（陶芸家）／練り上げ技法：西岡孝子（陶芸家）／肥前名尾和紙：谷口祐次郎（和紙職人）／肥前刀と研ぎ師：今川泰靖（研師）／木工の世界：田中好美（木工職人）／木版摺更紗：鈴田滋人（染色家）／風ン谷淳窯：野村淳二（陶芸家）／鍋島御庭焼：第5代 市川光春（陶芸家）／御菓子司鶴屋：堤光昌／岡本為吉羊羹：岡本久枝／佐賀錦の世界：井手美弥子（佐賀錦作家）／肥前びーどろ：副島硝子工業／鍋島緞通：吉島政之輔（鍋島緞通作家）

【授業方法】

　授業は，教室での対面授業で行う。15分～30分程度の映像を上映した後，パワーポイントを使い，写真や資料を示しながら講義を行う。毎回の講義後には，講義内容の要点や感想をまとめた小レポートを提出させる。また，講義内容に関する質問についても，小レポートとして提出させ，翌週の授業で講師がその質問に回答する。

【考察】

　本授業では，「大塚清吾が語る佐賀の匠」を映像教材として用いた。「大塚清吾が語る佐賀の匠」は，佐賀県内の伝統工芸に携わる匠たちを取材し，その作品や制作過程，インタビューをまとめ，映像化したものである。大塚清吾監修のもと，佐賀大学eラーニングスタジオが制作した。

　授業後の小レポートの記述によると，佐賀県内にも多くの伝統工芸があることに驚いた学生もいた。また，佐賀県出身でありながらも知らない伝統工芸があり，大いに勉強になった学生も多数いたようである。

　講義の際には，静止画だけの場合より，実際の制作工程など動きのある映像を見ることで，匠の技術や作品に対する理解がより深まったのではないだろうか。また，映像中のインタビューの部分で，匠の声を直に聞くことで，より心の奥深くにメッセージを受け取ることができたのではないか。小レポートの記述を見ても，学生の関心度の高さが窺えた。

4.4.3　映画製作

【映像実践部隊の育成】

　「映画製作」と「デジタル表現技法」の2つの科目について説明する。「映画製作」の授業は前期15回で撮影終了までの作業，また「デジタル表現技法」は後期15コマで撮影後の処理（ポスト・プロダクションと呼ばれる）を習得することを目標としている。具体的な項目は，表4-13のとおりである。

表 4-13　授業の概要

【カメラワークに関する授業】	【ポスト・プロに関する授業】
① シナリオの書き方	① 編集
② アングルとポジション	② カット・バック
③ パン	③ モンタージュ理論
④ ズーム	④ 場面転換の方法
⑤ 移動撮影	⑤ ワイプ
⑥ 手持ち撮影とステディカム	⑥ オーバーラップ
⑦ クレーン	⑦ スローモーション
⑧ イマジナリー・ラインの法則	⑧ 時間操作
⑨ 望遠レンズ	⑨ アニメーション
⑩ 広角レンズ	⑩ 特殊効果
⑪ パン・フォーカス	⑪ 録音術
⑫ 照明	⑫ 音
⑬ エフェクト・ライト	⑬ 音と映像の一致,不一致
⑭ レンブラント・ライト	⑭ 映画音楽
⑮ 色彩論	⑮ タイトル

　この授業では，主に映画製作の「理論」を講義している。また，この授業を開始した 2005 年から佐賀大学の角和博教授と共に「ふるさと映像塾」（西村：塾長，角：副塾長）を結成している。これは学生に映像制作の「実践」力を育成するために作ったグループで，佐賀大学生だけでなく，一般市民人も入会している。本来はカメラや音響機材を無料で貸し出して，映画製作を目標としているが，毎月，映画を鑑賞し，その感想を言い合って，映画の鑑賞眼を高めることも意図した。皆で協力して，テレビで放映する佐賀大学の CM を製作した。また，天皇陛下ご臨席の全国豊かな海づくり大会 2006 年で上映する 10 分間の映画（佐賀大学の男女学生が主役）も製作した。

　実際に，佐賀大学生で，この授業を受講して，映像の面白さにめざめ，「ふるさと映像塾」に入り，短編映画を製作し，大阪芸大のコンクールで受賞して，映像ディレクターというプロの道を歩む学生も出てきた。　理工学部のある者

は，佐賀大学を卒業後，東京藝術大学の映像学科の大学院に入り，プロデューサーを目指している学生もいる。また，現在はサガテレビの有能なディレクターとして活躍している者もいる。

なぜ，彼らは映像に対する興味をそれほどまでに持ったのだろうか？

【3回繰り返す】

話を授業に戻せば，本科目では，

① 最初に口頭で解説し耳で聞かせる（聴覚）
② 次に教科書を使って目で読ませる（視覚）
③ 最後に映像で見せる（視聴覚）

という3段階を経ることを旨としている。つまり，同じことを3回繰り返すのである。学生からは，「同じ時間を使うのなら，もっと別のことを教えてくれ」とも言われるが，大事なポイントを繰り返すことによって，学生の脳にその要点を刷り込ませることができる。段階を経ることによって，徐々に興味を持たせ，理解度を深めさせ，最後は映像を見せて，とどめを刺す。ぼんやりと理解していた概念にピントが合って，ああ，あれはそんなことだったのか！と，驚きを与える。その驚き（ある意味でのカルチャー・ショック）を作れれば，学生は満足感を覚え，修得した概念を忘れないようになる。

重要なことは，映画が音と映像を駆使した芸術であるならば，その音と映像を駆使して，生徒が最も理解しやすいように講義することである。つまり，視聴覚を「融合」させることが，面白い講義を作るコツといえる。

具体的に言えば，この時に使う教科書は拙著「一人でもできる映画の撮り方」（洋泉社刊）であり，映像は，その本を原作にしてフジテレビが制作してくれたテレビ番組「アメリカの夜」である。

内容については，以下のWebページを参照にされたい。

○「一人でもできる映画の撮り方」
　http://www.amazon.co.jp/ 一人でもできる映画の撮り方
○「アメリカの夜」
　https://ja.wikipedia.org/wiki/ アメリカの夜

　上記のアマゾンの本の感想の欄には,「一般向けに最もわかりやすい映画技術本」,「初心者に優しい映画製作入門書」,「とても役立つ楽しい読み物」といった評価が並んでいる。
　筆者は授業で,学生に毎回小レポートを書かせ,その時の感想を教えてもらっているが,「分かりやすい」,「面白い」,「映画の見方が変わった」という感想は共通している。実はこの「分かりやすく」,「面白く」書くことこそ,最初の執筆時に心がけた最大ポイントであった。
　一体,「分かりやすく」するには,どうしたらいいのだろう?

【映像としての教材】
　「一人でもできる映画の撮り方」は,もともと学研の月刊誌「ビデオ・キャパ」(現在廃刊)に,1985年から6年間書き続けた連載であった。編集長から「ビデオの教本を書いてくれ」と言われた時,最初に考えたことは,筆者の専門である「映画」とドッキングさせることだった。映画の印象的な部分を参考にしながら,映画テクニックを解説する。連載の最初のタイトルは,「映画からテクニックを盗む」だった。つまり,これこそが「融合」の発想なのである。
　映画教本の多くは,ただ単に「理論」を述べているだけで,その具体例を出していない。つまり,具体例を出すというのが,「分かりやすくする」条件なのである。その具体例として,映画の代表的なシーンを選び出し,そこから「理論」を引き出していく。映画では実際に,こんな効果が出ているのだから,こんな方法でやっていけば必ず上達する,と語ることにしている。
　こうした「映画の名作から映像テクニックを学ぶ」というモチーフが,ハードからソフトではなく,ソフトからハードへ移行する発想—言葉を変えれば,

ハードをいかにして使いこなすかの方法，さらには人間が「道具」に使われないための根本原理になるのではないかと思われた。それには機材のアナログもデジタルなども関係ない。映画製作の勉強とは，まさにこうした方向性が重要なのである。

その際，任意のカットをストップさせ，それをトレースさせた。4コマ漫画のように，連続して縦に並べ，それぞれのコマの横にいちいちキャプションを付けて解説した。同時にそれは，映像テクニックの解説だけでなく，名作映画の一つの見方の手引書とも成り得るはずだと考えた。

さらに執筆時に留意したことは，分かりにくい言葉を極力避けたことである。理科系の人が書くと往々にしてありがちなのは，専門以外の人には分からない特殊用語が羅列されることで，読者はそれだけで読む気が失せてしまう。新しい言葉が出てきたら，曖昧にしないで，その場で解説し，その用語をきちんと理解したうえで，次のステップに進むことを心掛けた（例えばプロでもいいかげんに使っているカットとショットの違い，ロー・アングルとロー・ポジションの違いなども逐次解説した）。

この手法が大いに受けて，まだ連載途中の段階で，カメラワークの部分だけをまとめ，「映画に学ぶビデオ術」（ソニーマガジンズ刊）というタイトルで出版された。本の評判も大変良かった。

実際，その本を読んだテレビのプロデューサーが，「この本を原作にして，映像講座の番組を作りたい」と言ってきた。その番組が「アメリカの夜」なのである。30分の深夜番組は，1991年から半年間（2クール）で，22本が制作された。放映時にはちょっとした「アメリカの夜」ブームが起きた。視聴率も良かった。1クール目で1時間の特番も作られたし，最終回は2時間枠に広げられ，アメリカロケまで行われた。

放送終了後も，局への再放送の問い合わせや，見損なった番組のビデオを貸してくれという反響があった。原作者である筆者の方へは，カルチャー・センターや映画学校から，番組と同じ内容を教えてくれという要請があった。筆者が講義で教えるようになったのは，それが最初である。

結局，その後の連載は「映画の撮り方・ビデオの撮り方」(学研刊) という本にまとめられた。最終的には，すべての連載の重要な部分だけを抽出し，完全版と称して，2003年に出版したのが，「一人でもできる映画の撮り方」である。この教科書をもとにして，フジテレビが映像版を作ってくれたともいえるだろう。現在も筆者はこれらの視聴覚教材を駆使して，授業を行っている。実際に大阪芸術大学を始め，京都市立芸術大学の映像学科などは，「アメリカの夜」を今も教材として使っている。

【メディア・ミックス】

最後にもう一つ，思わぬ影響があったことも触れておこう。

「映画からテクニックを盗む」の後に，「ビデオ・キャパ」の同誌に，監督別による映画術を連載した。これは後に「巨匠たちの映画術」(キネマ旬報社刊) という本にまとめたが，この2冊を読んだディレクターが，「映像ミュージアム」のアドバイザーになってくれと要請してきた。これは，埼玉県川口市がデジタル映像の拠点にしようと，彩の国ビジュアル・プラザ内に体験型の「映像ミュージアム」を建設したためである。

筆者はそのコンセプト作りから始まって，展示のアイデア，解説文の執筆，「アメリカの夜」を真似た映像解説の監修などを3年かけて行った。遊び心があって，映像制作のプロセスを学びながら，最後には自分も映像を作ってみようという気にさせることを目的とした。ちなみに2003年のオープン時に始まった「SKIPシティ国際Dシネマ映画祭」は今年 (2015年)，12回を迎え，世界中の映画作家の作品を集めてコンクールを催し，彼らを羽ばたかせる登竜門となっている。

このように，雑誌の連載から始まった映画製作の概念は，出版，テレビ，講座，映像ミュージアムと形を変えて広がっていった。まさにメディア・ミックスの典型と言えるだろう。これこそが，「融合」の視点であり，筆者の映画製作の授業とは，これら「融合」された題材を駆使して，成り立っている。

(トピックス V) 学生の作品紹介

(1) デジタル表現技術者養成プログラム Web サイト

　本プログラムでは Web サイトを利用して，プログラムの概要，プログラムのパンフレットや履修の手引きの紹介をしている[29]。また「作品集」と題して学生の作品を公開している。Web サイトのトップページを図4-24 に示す。

図 4-24　デジタル表現技術者養成プログラムのトップページ

　Facebook にも本プログラムのページを設けており，こちらでは授業や制作活動の様子を紹介している[30]。修了研究作品展「電脳芸術展」やプログラムに関連する講演会などのイベント開催時には告知ツールとして活用している。

(2) 作品集

　「作品集」ページには，授業の中で制作する課題作品を掲載しており，本

プログラムを受講した学生が制作した作品のアーカイブとなっている。現在まで，1期生から6期生までの作品を掲載している。主に，ポスターやキャラクターデザインなどの静止画，ショートムービー，アニメーションなどの動画，Flashで制作したゲームなどの作品を掲載している。Web表現やプログラミング表現で制作した作品は掲載していない。5期生からインターフェース科目を兼ねているので，科目名と内容が若干変更になっている。作品集に掲載している作品の授業を以下に記す。

【1期生〜4期生】
- デジタル表現Ⅰ：ポスター
- デジタル表現Ⅱ：ショートムービー
- デジタルメディア・アート：カウントダウンムービー
- デジタルメディア・デザイン：ショートムービー
- アニメーション表現：2Dセルアニメーション，3DCGアニメーション，Flashアニメーション，プロジェクションマッピング，立体アニメーション
- CG表現：キャラクターデザイン
- 修了研究

【5期生〜6期生】（インターフェース科目兼）
- 映像・デジタル表現Ⅰ（デジタル表現入門）：ポスター
- 映像表現：ショートムービー
- デジタルメディア・デザイン：カウントダウンムービー
- 映像・デジタル表現Ⅱ（アニメーション表現）：2Dセルアニメーション，3DCGアニメーション，Flashアニメーション，プロジェクションマッピング，立体アニメーション
- 映像・デジタル表現Ⅲ（CG表現）：キャラクターデザイン
- 映像・デジタル表現Ⅳ（デジタル表現修了研究）

5期生の科目「映像表現」で作成した作品集のリスト（サムネイル）を図4-25に示す。「映像表現」では，履修生全員が約1分間の動画作品を作成する課題が与えられ，その作品集である。作品のサムネイルが表示されており，画像をクリックするとモーダルウィンドウにより作品が表示される（図4-26）。この作品は，佐賀大学のマスコットである「カッチーくん」の片想いをテーマにしている。

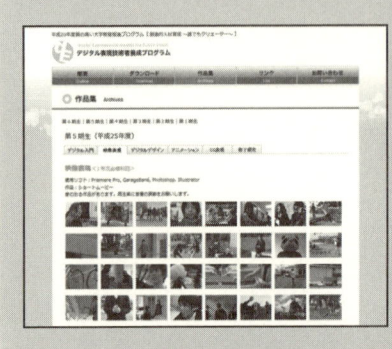

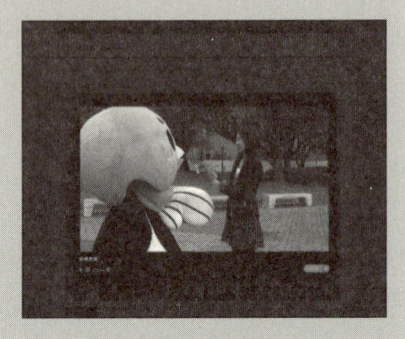

図4-25　映像表現　　　　　　**図4-26　映像表現の作品**

　作品集は学生が課題制作をする際の参考資料としても大いに役立っている。これらの膨大な作品群は本プログラムのこれまでの活動や成果を示す証の一つでもある。

引用・参考文献資料
1) 渡部隆志・有賀妙子・由良泰人：デジタル@デザイン～グラフィック・映像・Web表現のためのコンピュータ基礎技法，秀和システム，2002.
2) 平田オリザ：劇作家・演出家・青年団主宰。大阪大学コミュニケーションデザインセンター教授。主な著書に「わかりあえないことから～コミュニケーション能力とは何か～」，講談社現代新書，2012.
3) 中田亨：「ラバン身体動作表現理論」(2007)：
http://staff.aist.go.jp/toru-nakata/shintairon.html(アクセス：2014/8/6).
4) 小野 博，工藤俊郎，穂屋下 茂，田中周一，加藤良徳，長尾 佳代子：学習型コミュニケーション能力の測定と育成方策（学習型コミュニケーション能力を高める授業の導入を目指して），リメディアル教育研究，7-5 (2012)，pp.98-103.

5) 2011年度から2013年度の3年間に渡り，文部科学省特別経費事業として「富良野GROUPと連携した演劇的手法による教員養成課程の学生並びに現職教員のコミュニケーション能力育成プログラム開発」と題する「教員養成課程の学生並びに現職教員のコミュニケーション能力を育成するプログラムを開発・確立する」事業が実施された。2014年度からは，大規模教員養成系単科大学である北海道教育大学（H），愛知教育大学（A），東京学芸大学（T），大阪教育大学（O）（この四大学「HATO」と呼ぶ）の連携による，日本の教員養成の諸課題に積極的に対応することを目的とした「HATOプロジェクト」において，これまでの成果を還元し，授業科目「コミュニケーション実践」の実践と研究が行われている。
6) 米満潔，田代雅美，久家淳子，河道威，穗屋下茂：ICT活用と協同学習手法を融合したキャリア教育の実践的研究，佐賀大学全学教育機構紀要，佐賀大学全学教育機構，第3号 (2015)，pp.167-179.
7) 経済産業省，社会人基礎力：http://www.meti.go.jp/policy/kisoryoku/ （2015/11/26アクセス）
8) 文部科学省，学士課程教育の構築に向けて：
http://www.mext.go.jp/b_menu/shingi/chukyo/chukyo4/houkoku/080410.htm
（2015/11/26アクセス）
9) 小島史彦：プロデューサー仕事の手順とすすめ方，日本能率協会マネジメントセンター，2001.
10) 原田保：ビジネスプロデューサー入門，中経出版，2001.
11) 「ライウマ」公式サイト：http://raiuma.mond.jp./index.html （2015/12/9 アクセス）
12) 例えば，「カラー沖縄工芸の魅力」，「写真集・佐賀にわか・筑紫美主子の世界」，「伝統の美・歌舞伎」，「色鍋島の美」，「沖縄の陶工・人間国宝・金城次郎」，「写真集シルクロード」，「大英博物館」，「上海博物館・中国・美の名宝」，「井上靖シルクロード詩集」，「秘儀開封・春日大社」など
13) 内田実：学習力トレーニング－インストラクショナルで学ぶ究極の学習方法－，米田出版，2011.
14) 藤井俊子他：授業におけるLMS活用の実践事例－LMS利用促進を目指した授業－，コンピュータ&エデュケーション，Vol.31(2011)，pp.66-69.
15) 穗屋下茂，藤井俊子，田代雅美：LMSの活用を促す授業設計，第37回教育システム情報学会全国大会（千葉工業大学），TA-4(2012/8)，pp. 228-229.
16) 藤井俊子，田代雅美，穗屋下茂：LMS利用促進を目指した授業での授業改善プロセス～教養科目「教育デジタル表現」での取り組み～，日本リメディアル教育学会第8回全国大会発表予稿集（立命館大学）(2012/8)，pp.198-199.
17) ウォルター ディック，ルー・ケアリー，ジェームス・O. ケアリー（著），角 行之

(監訳):「はじめてのインストラクショナルデザイン」, ピアソンエデュケーション, 2004.
18) 島宗理:インストラクショナルデザイン教師のためのルールブック, 米田出版, 2004.
19) 赤堀侃司:授業の基礎としてのインストラクショナルデザイン(視聴覚教育選書), 日本視聴覚教育協会, 2006.
20) R.M. ガニエ, W.W. ウェイジャー, K.C. ゴラス, J.M. ケラー著, 鈴木克明, 岩崎信監訳:インストラクショナルデザインの原理, 北大路書房, 2007.
21) 内田 実:清水康敬(監修), 実践インストラクショナルデザイン事例で学ぶ教育設計, 東京電機大学出版局, 2005.
22) 米満 潔, 河道 威, 田中正和, 穗屋下 茂:理工学部新入学生対象スタートアップセミナーの実施, PC カンファレンス 2013(東京大学)(2013/8), pp.345-346.
23) 米満 潔, 河道 威, 古賀崇朗, 久家淳子, 穗屋下 茂:授業支援のための教材制作の試み, PC カンファレンス 2014(札幌学院大学),(2014/8), pp.336-337.
24) 高浦勝義:絶対評価とルーブリックの理論と実際, 黎明書房, 2004.
25) 安永 悟:活動性を高める授業づくり－協同学習のすすめ－, 医学書院(2012), pp.89-108.
26) 安永 悟:実践・LTD 話し合い学習法 Learning through Discussion, ナカニシヤ出版, 2006.
27) 杉江修治:協同学習入門〜基本の理解と 51 の工夫, ナカニシヤ出版, 2011.
28) 穗屋下 茂, 河道 威, 大塚清吾:ネット授業科目を用いた反転授業の試み, 日本リメディアル教育学会, 第 7 回九州・沖縄支部大会&初年次教育学会交流会(久留米大学),(2014), pp.20-21.
29) デジタル表現技術者養成プログラム Web サイト:
http://net.pd.saga-u.ac.jp/digi-pre/(2015/11/26 アクセス)
30) デジタル表現技術者養成プログラム Facebook ページ:
https://ja-jp.facebook.com/digitalexpressionprogram (2015/11/26 アクセス)
http://www.gaipromotion.co.jp/words.html (2015/11/26 アクセス)

第5章　デジタル表現修了研究

5.1　修了研究のテーマと実施

　本プログラムの2年次には，それまでに学んだ知識や技術を基に作品を制作する「映像・デジタル表現Ⅳ（デジタル表現修了研究）」（以下修了研究）が必修科目として開講されている[1]。修了研究では，それまでに学んだことを活かし，修了研究作品を制作する。

　修了研究では，あらかじめ挙げられた様々なテーマの中から希望するテーマを選択し，それぞれのテーマに基づいた修了研究作品を制作する。

　テーマは毎年少しずつ入れ替っているが，①2D・セルアニメーションや②ショートムービー等の映像コンテンツ，③モーション・キャプチャーを活用した3DCGアニメーションなどの動画作品が中心に制作されている。その他には，④プログラミングアニメーションや⑤Flashを使ったインタラクティブなコンテンツもあり，近年では⑥プロジェクション・マッピングも加わっている。

　様々なテーマが存在する中で，いずれの年も2D・セルアニメーションの人気が高く，希望が集中しやすい傾向にある。しかし，1つのテーマに極端に偏った状態では，そのテーマの指導担当者（教員及び技術支援スタッフ）の負担となり，指導も難しくなる。そこで，各テーマには2名～6名程度の人数制限を設けている。制限人数を超えたテーマについては，本プログラムの成績によって第2希望や第3希望のテーマに振り分けられる。テーマ決定後はそれぞれのテーマを担当する教員や技術支援スタッフの指導の下に作品を制作する。

　最後に，修了研究作品展（電脳芸術展）と修了研究発表会（プレゼンテーション）を行い，その中で作品や発表態度等についての評価を行っている。評価は教員

や技術支援スタッフだけでなく，履修学生にも学生同士で相互評価を行わせている。本プログラムは，高い就業力を身に付けさせることを目標にしている[2]ので，作品（デジタルコンテンツ）制作においては，「表現する力」の他，「想像する力」「創造する力」「発表する力」「評価する力」などの育成を重要視している。

2010年度〜2015年度の修了研究作品のテーマを表5-1〜表5-6に示す。これらの作品制作テーマに即して，満足いく作品を制作させるためには，1年間に亘り，学生の各種の作品制作に対して丁寧に面倒をみていかなければならない。それは本プログラムを支える担当教員の役割である。しかしながら，種々の作品制作における制作技術は最新の技術が必要な場合が多く，それらの技術は日々進歩している。さらに，担当教員はそれぞれの学部専門において4年生の卒業研究や大学院生等の修士論文等の面倒をみなければならない。そこで，最新のICTクリエート技術の修得を主体的に励んでいるeラーニングスタジオのスタッフにも技術支援スタッフとして積極的に参加してもらうようにしている。これにより，学生の作品制作を，細かくフォローすることができるため，本プログラムがうまく機能しているのである。

表5-1 修了研究のテーマ（2010年度：1期生）

No.	テーマ	関係する分野	人数
1	市民映画	映像，画像，Web	3
2	AR3D拡張版	3DCG	3
3	吉野ヶ里公園PR戦略	画像	3
4	アートアニメーションによるショートムービー	画像，映像	2
5	3ds Maxを用いたアニメーション作成	3DCG，映像	2
6	モーション・キャプチャーを利用したアニメーションの研究	3DCG，映像	3
7	佐賀大学生による佐賀市のCMとVPの制作	映像	5
8	アニメによる説話（釈迦の前世物語等）	映像，画像	4
9	動画とHPの作成「祭りを10倍楽しむ方法」	映像	3

表 5-2　修了研究のテーマ（2011 年度：2 期生）

No.	テーマ	関係する分野	人数
1	OJT アニメーション制作「河童五代目」	画像, 映像	3
2	オープンシネマコンソーシアムによる映画製作	映像	1
3	アートアニメーション制作	画像, 映像	4
4	USTREAM によるコミュニティ放送局	映像, Web	3
5	AR 表現，インタラクティブ表現	3DCG, プログラミング	2
6	デジタルパブリッシング	画像, Web	3
7	e ラーニング用 3D キャラクタの作成と Motion Builder による動作付与	3DCG, 映像	2
8	吉野ヶ里の立体アニメーションの構築（3D）	3DCG, 映像	2
9	佐賀の祭り（白鬚神社の稚児田楽）	映像	3
10	同期型遠隔授業に関する動画作成	映像	2
11	セルアニメ（デジタル）	画像, 映像	5
12	Web 上で動作するインタラクティブ・コンテンツ（Flash コンテンツ）	Web, 画像, プログラミング	3
13	佐賀大学生のための Web ページ	Web	3

表 5-3　修了研究のテーマ（2012 年度：3 期生）

No.	テーマ	主に関係する分野	人数
1	2D・セルアニメーション	画像, 映像	6
2	3DCG アニメーション	3DCG, 画像, 映像	4
3	市民映画	映像, 画像, Web	3
4	ドキュメンタリー映像	映像	3
5	PR 映像	映像, 画像	2
6	オリジナル映像（ストップモーション他）	映像	4
7	インタラクティブ・メディアアート（プロジェクション・マッピング）	プログラミング, 画像, 映像	3
8	プログラミングアニメーション	プログラミング, 画像	2
9	Web インタラクティブ（Flash コンテンツ）	Web, 画像, プログラミング	2
10	佐賀大学生のための Web サイト	Web, 画像	4
11	コミュニティ FM によるソーシャルメディアの実現	音楽, 音声, Web	2

表5-4　修了研究のテーマ（2013年度：4期生）

No.	テーマ	主に関係する分野	人数
1	2D・セルアニメーション	画像，映像	6
2	3DCGアニメーション	3DCG，画像，映像	4
3	市民映画	映像，画像，Web	4
4	ドキュメンタリー映像	映像	4
5	PR映像	映像，画像	4
6	ストップモーション・アニメーション	画像，映像	4
7	インタラクティブ・メディアアート（プロジェクション・マッピング）	プログラミング，画像，映像	4
8	インタラクティブ・アニメーション	画像，映像，プログラミング	3
9	Webインタラクティブ（Flashコンテンツ）	Web，画像，プログラミング	4
10	佐賀大学生のためのWebサイト	Web，画像	4

表5-5　修了研究のテーマ（2014年度：5期生）

No.	テーマ	主に関係する分野	人数
1	2D・セルアニメーション	画像，映像	7
2	3DCGアニメーション	3DCG，画像，映像	4
3	ストップモーション・アニメーション	画像，映像	3
4	ショートムービー	映像	3
5	ドキュメンタリー映像	映像	5
6	PR映像	映像	2
7	留学生のための日本語	画像，映像	2
8	インタラクティブ・メディアアート	画像，映像，プログラミング	3
9	Webプログラミング	Web，プログラミング	8
10	Webインタラクティブ	Web，プログラミング	3
11	ナチュラルユーザーインターフェイスを用いたインタラクティブ作品	画像，映像，プログラミング	3
12	インタラクティブ・アニメーション	画像，映像，プログラミング	
13	インタラクティブ・データビジュアライゼーション	画像，映像，プログラミング	

表 5-6 修了研究のテーマ（2015 年度：6 期生）

No.	テーマ	主に関係する分野	人数
1	2D・セルアニメーション	画像，映像	6
2	3DCG アニメーション	3DCG，画像，映像	4
3	ストップモーション・アニメーション	画像，映像	4
4	ショートムービー	映像	4
5	ドキュメンタリー映像	映像	4
6	PR 映像	画像，映像	4
7	Web プログラミング	Web，プログラミング	5
8	Web インタラクティブ	Web，プログラミング	4
9	プロジェクション・マッピング	画像，映像，プログラミング	4
10	ナチュラルユーザーインターフェイスを用いたインタラクティブ作品	画像，映像，プログラミング	2
11	3D プリンタを用いたアート作品	3DCG，画像	3

5.2 修了研究作品展「電脳芸術展」と評価

5.2.1 修了研究作品展における作品評価

　修了研究では，制作した作品について「修了研究作品展」や「修了研究発表会」を行っている。

　学生が制作した修了研究作品は，学内外の施設にて「電脳芸術展」と称した作品展を行い，修了研究で制作した作品の公開展示を行うことにしている。学外の人が集まる施設で展示を行うことにより，多くの人の目に触れることで，学生の作品制作意欲を引き出したり，作品完成後の達成感（自信）を植え付けたりすることが期待できる。また，一般市民や本学への入学希望者，あるいはその保護者らに対して，本プログラムを紹介する場にもなる。

　この電脳芸術展は，当初学生らに企画，準備，運営まで全てをまかせる予定であったが，授業や部活等の時間的な制約があったので，ｅラーニングスタジオのスタッフが企画して，学生は主に展示準備や展示当日の運営に関わっている。

2011年度（2期生）からは，学生の評価能力を少しでも育成するために，学生同士の相互評価を行わせることにした。修了研究作品展で作品に対する評価（作品評価）を行い，修了研究発表会では発表に対する評価（発表評価）を行う。

展示会場では，PCにて各作品を再生するほか，作品制作の工夫や見どころについてまとめた解説パネルを準備している。この作品展では，本プログラムに関係する教員・技術支援スタッフの他，修了研究を履修している学生，本プログラムの先輩・後輩も展示作品に対して評価を行う。作品の解説パネルと審査している様子を図5-1に示す。

(a) 作品の解説パネル　　　(b) 作品評価の様子

図5-1　修了作品展示と評価（2013年度）

作品には種々のタイプがあり，一概に比較することは困難である。そこで，パフォーマンス評価を行うために用いられるルーブリックの考え方を導入することにした。作品評価のための評価項目と評価基準の例を表5-7に示す。作品評価は，「発展・応用的な技能・アイデア」「デザイン・操作性」「構成内容・表現・演出」の項目に対し，それぞれの作品に割り当てられた基準に基づき，A・B・Cの評価をつける。

A・B・Cは点数化し，審査に当たった教員・技術支援スタッフ，学生ら全

表 5-7　作品の評価項目（2012 年度）

評価項目	評価基準
発展・応用的な技能・アイデア	A) 全ての場面で編集や効果に工夫がなされている B) 編集や効果が工夫されている場面が見られた C) 編集や効果に工夫が感じられなかった
デザイン・操作性	A) 細部まで丁寧に表現されていた B) 丁寧に表現されていない部分が見受けられた C) 全般的に雑に表現されていた
構成内容・表現・演出	A) 伝えたいことがよく分かった B) あまり伝えたいことが分からなかった C) 伝えたいことが全く分からなかった
作品投票	良いと思う作品1位～3位を1作品ずつ選ぶ

ての点数を合計して修了作品の評価のための参考値とし，最終的には複数の教員が評価するようにした。

5.2.2　修了研究発表会における発表評価

　修了研究の最後に，学内にて修了研究発表会を行った。修了研究発表会では，各自の修了研究における作品のコンセプトや制作過程等について，スライドを用いて発表を行う。発表時間は1人5分，質疑応答は3分である。また，1人1回以上は必ず質問を行うようにして進めた。発表当日，どうしても出席できない学生は，前日にeラーニングスタジオでプレゼンテーションの模様を収録しておき，当日その映像を流して，それで評価することにした。プレゼンテーションの様子を図5-2に示す。

　　　(a) 発表の様子　　　　　　(b) 質疑応答の様子
図 5-2　プレゼンテーションの様子（2014 年度）

発表評価の評価内容を表5-8に示す。発表評価では、「発表態度」「発表内容・発表資料」「質疑応答」の項目に対し、A・B・Cの評価をつける。また、発表時間（5分間）についても、タイムキーパーが計測し、時間厳守の程度を点数化した。

表5-8 発表評価の内容（2012年度）

評価項目	評価基準
発表態度	A) 話し方（声の明瞭さ、声の大きさ、話すスピード）が適切であり、最初から最後まで、内容が良く聞き取れる。発表全体を通して聴衆を見ている B) 時々内容が聞き取れないことがある。発表中に、聴衆を見ていないことが多い C) 発表全体を通して内容が良く聞き取れない。発表中は、ほとんど聴衆を見ていない
発表内容・発表資料	A) 伝えたいこと（研究目標や目的、研究内容、作品の説明など）がよくまとめられており、分かりやすかった B) 伝えたいことがあまりまとまっておらず、分かりにくいところがあった C) 伝えたいことがまとまっておらず、全体的に何を伝えたいのか分からなかった（もしくは発表資料を準備できていない）
質疑応答	A) 質問を正確に理解しており、応答が的を射ている B) 質問を正確に理解しているが、応答が的を射ていない C) 質問を正確に理解していないため、応答も的を射ていない
発表時間	A) 4分00秒～5分30秒の間 B) 3分30秒～3分59秒の間、もしくは5分31秒～5分59秒の間 C) A), B) に当てはまらない場合

5.2.3 評価の結果と問題点

展示会における作品評価点と発表（プレゼンテーション）による発表評価点を全て合計して、修了研究作品の評価のための参考値とした。

2011年度と2012年度における修了研究作品展での作品評価と修了研究発表会での発表評価の内容を比べてみた。作品評価では、履修学生の評価がいずれの年も教員と技術支援スタッフの評価の平均と比較して僅かに高い傾向が見られた。また、作品評価の作品投票の項目では、いずれの年もアニメーションの作品が高得点を獲得しており、Webサイトやプログラミングなどの他のテー

マと比べ，好み（高得点）が集中しやすい傾向にあった。

　発表評価については，履修学生，教員・技術支援スタッフ共にその平均点はほとんど同じであったが，「年々学生の発表態度等は全般的に向上している」という担当教員らの感想が多く聞かれた。全体的な傾向としては，およそ1年間の長期に亘る修了研究の中で，教員や技術支援スタッフとよくコミュニケーションをとる学生が，作品の制作も発表の準備も根気強く頑張り，高い評価を得ているようである。

5.2.4　優秀者の表彰について

　修了研究作品展（電脳芸術展）では，作品評価を行うと同時に，各人が「良い」または「優れている」と感じた上位3作品も選出している。この投票結果と，先に述べた作品評価と発表評価の得点，発表評価と同時に行った自己評価を参考に，「最優秀賞」を1名，「優秀賞」を2名，「努力賞」（2012年度以降は賞の名称を「特別賞」に変更）を1名選定し，表彰している（図5-3参照）。これまでの修了作品の入賞作品一覧を表5-9に示す。

図5-3　発表会後の表彰式（2015年度）

表5-9　修了作品の入賞作品一覧

年度（期）	賞名	作品名（ジャンル）
2011年度 （2期生）	最優秀賞	プリオシン海岸（2D・セルアニメーション）
	優秀賞	はかせ と はーと（2D・セルアニメーション）
	優秀賞	Nyúl Post（2D・セルアニメーション）
	努力賞	RPGツクール2000を用いたゲームの作成（インタラクティブ）
2012年度 （3期生）	最優秀賞	Floriography（2D・セルアニメーション）
	優秀賞	鍋島化け猫騒動（2D・セルアニメーション）
	優秀賞	ワープスポット（ストップモーション・アニメーション）
	特別賞	グリーンぐりーんハウス（3DCGアニメーション）

（4期生）	最優秀賞	Tommy & Jelly（ストップモーション・アニメーション）
	優秀賞	ようこそデジタルアイランド第一話（3DCG アニメーション）
	優秀賞	Lunch Box（プロジェクションマッピング）
	特別賞	ようこそデジタルアイランド 第三話（3DCG アニメーション）
	特別賞	脱出綺譚（インタラクティブ）
2014年度（5期生）	最優秀賞	ボクのヒーロー（3DCG アニメーション）
	優秀賞	目指せ クイズ王！？ 雑学Q！（インタラクティブ）
	優秀賞	小さなこだま（2D・セルアニメーション）
	特別賞	ニホンカワウソの物語（2D・セルアニメーション）
	特別賞	餅つき祭りと大切な友達（ストップモーション・アニメーション）
	特別賞	Flash STG（シューティングゲーム）（インタラクティブ）

5.3 今後の展開

　本プログラムを履修する中で，特に2年次の必修科目である修了研究における作品制作を通して学生は自信をつけている．その結果，学外のコンテストにおいて受賞するなど，学外で活躍する学生が現れはじめた(6.2節参照)．特に，学生らと市民が一体となって自主的に制作した市民映画は好評であった．マスコミ等からも大きな評価を得て，新聞等でも大きな紙面で紹介された．

　一方向の講義を極力少なくした双方向型の学修形態で形成される主体的な学修態度とデジタル表現能力は，どのような進路においても必要不可欠なものである．近年，大学卒業時に社会から問われはじめている学士力の視点からも，本プログラムが学士力を高める学びの場としての可能性を感じさせる．

　今後も学生が本プログラムを経て成長し，修了生が学内外から高い評価を得られるようになり，その結果として本プログラムの更なる発展へとつながることを期待するとともに，学生の要望に応じたより良い学修環境を提供できるように，プログラムの内容を改善していく予定である．その一つが3Dスキャナや3Dプリンタの利用であろう．

　佐賀大学理工学部50周年記念事業の一環として，理工学部同窓会と共同して，佐賀大学の本庄キャンパスの3DCGを制作するプロジェクトを推進している[3]．3Dデータの制作はeラーニングスタジオのスタッフの指導の下，本プログラム

の修了生を中心に行っている。キャンパスの3DCGは，まずは資料が豊富で，現場ですぐに確認を行うことが可能で作りやすい，現在の佐賀大学本庄キャンパスの東側，文系エリアから制作を行い，今後は理系エリアへと広げていく予定である。

3DCGの制作の様子と3Dプリンタで出力した教養教育1号館及び文化教育学部9号館の模型を図5-4に示す。今後，様々な分野において3Dデータや3Dプリンタを扱える人材が求められることは明らかである。しかし，この分野の人材育成は欧米諸国に比べると日本は遅れているのが実状である。経済産業省の「新ものづくり研究会」の報告書[4]では，「大学や高専のような高等教育においては，各学科を融合しつつ，デジタルモノづくりの時代に見合った人材を育成することが必要である」と述べられている。佐賀大学では2016年度の県立有田窯業大学校の統合や芸術地域デザイン学部の新設に伴って，さらにこの分野の教育・研究は発展的に展開されるであろう。

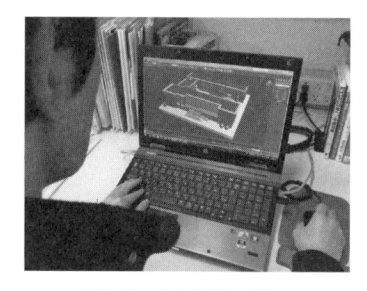

(a) 3DCG制作の様子　　(b) 3Dプリンタで出力した模型

図5-4　3DCGで制作した本庄キャンパスの建物

今後は，3DCGを用いた歴史的文化遺産の再現の他，地域活性化事業としてAR（拡張現実）による観光マッピング，医療分野では内臓，筋肉，骨の動きの可視化などの修了研究課題が扱われていくだろう。さらに，他の方式の3Dプリンタや3Dスキャナを導入し，窯業の陶磁器や工業の部品等の「モノづくり」の実践的修了研究も計画されるだろう。

引用・参考文献資料

1) デジタル表現技術者養成プログラム：
http://net.pd.saga-u.ac.jp/digi-pre/ （2015/8/12 アクセス）
2) 古賀崇朗, 中村隆敏, 藤井俊子, 高﨑光浩, 角 和博, 河 道威, 永溪晃二, 久家淳子, 時井由花, 田代雅美, 米満 潔, 田口知子, 穂屋下 茂：就業力を育むデジタル表現技術者養成プログラムの実践, 佐賀大学全学教育機構紀要, 佐賀大学全学教育機構, 創刊号（2013), pp.79-91.
3) 古賀崇朗, 米満 潔, 永溪晃二, 田代雅美, 中村隆敏, 角 和博, 穂屋下 茂：3DCGと3Dプリンタを活用した教育の実践的研究, 佐賀大学全学教育機構紀要, 佐賀大学全学教育機構, 第3号（2015), pp.155-166.
4) 経済産業省「新ものづくり研究会」報告書について（2014/2/21）：
http://www.meti.go.jp/committee/kenkyukai/seisan/new_mono/report01.html
（2015/8/12 アクセス）

第 6 章 学習成果

6.1 履修者の変遷

6.1.1 履修希望者の変遷

デジタル表現技術者養成プログラムは，2009年度より始まり，2015年度には第7期の学生（7期生）の履修がスタートしている。本プログラムの履修を希望している学生の所属学部別の人数の推移を図6-1に示す。本プログラムでは入学試験合格者の入学手続きの際に履修者の募集を行っている。プログラム開始当初は定員40名に対し，100名以上の応募があった。履修者の所属学部を見ると全ての学部の学生から応募があることがわかる。しかし，本プログラムを実践する演習室は本庄キャンパスにあるため，本庄キャンパスから約7km離れた鍋島キャンパスに通う医学部の学生が本プログラムを履修することは困難である。これまでの学部別の学生数の変化を見ると，経済学部や農学部はやや減少している。

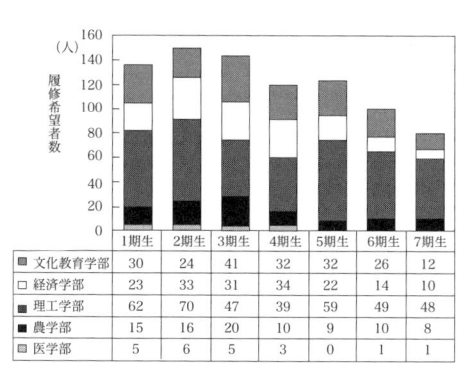

	1期生	2期生	3期生	4期生	5期生	6期生	7期生
文化教育学部	30	24	41	32	32	26	12
経済学部	23	33	31	34	22	14	10
理工学部	62	70	47	39	59	49	48
農学部	15	16	20	10	9	10	8
医学部	5	6	5	3	0	1	1

図 6-1　履修希望者の推移（人）

履修希望者は4期生以降減少している。これは，2011年度から本プログラムと同じような履修形態の特定の教育プログラムが複数スタートしたためと推測される。それらのプログラムは，入学時に募集案内を行う同じ方法で履修希望者を募っている。1人の学生が複数の特定の教育プログラムを受講することはできないため，学生がこれらのプログラムに分散したことにより本プログラムの履修希望者が減少したと考えられる。

本プログラムは，2013年度入学生からインターフェース科目（4.1節参照）を兼ねるようになった。それまでは，履修希望者に5〜10名の2年生が含まれていたが，6期生より全ての履修申請が新入学生に限定された。2年生の申請ができなくなったのも6期生の履修申請者数が減少した理由の一つである。

本プログラムは，「このプログラムがあったから佐賀大学を受験した」との声も聞かれるようになっている。なお，履修希望者には担当教員らによる個人面接を行い，希望者の志望動機やPC（Personal Computer）の利用スキル，カリキュラムを確認し，履修の可否を決定している。

6.1.2 履修者について

本プログラムの所属学部別履修者数は図6-2に示す通り，理工学部，文化教育学部の学生の占める割合が高い。また，農学部の学生が減少している。これは，「特定の教育プログラム」の中の一つ「環境キャリア教育プログラム[1]」の開

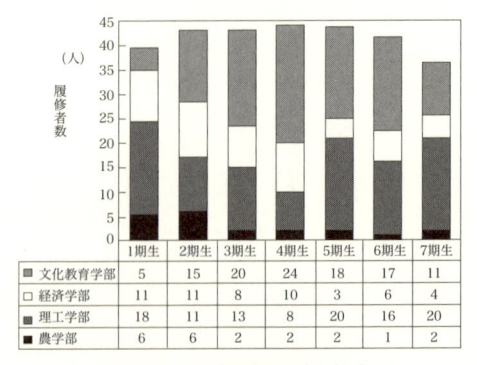

	1期生	2期生	3期生	4期生	5期生	6期生	7期生
■ 文化教育学部	5	15	20	24	18	17	11
□ 経済学部	11	11	8	10	3	6	4
■ 理工学部	18	11	13	8	20	16	20
■ 農学部	6	6	2	2	2	1	2

図6-2　学部別履修者（人）

講に伴い，環境教育の分野に興味を持つ農学部の学生が流れたためと思われる。

6.1.3 修了者数の変遷

本プログラムでは，卒業時に卒業証書（学位記）とともにプログラム修了証が発行される（但し，修了証発行のためには卒業認定時に本人からの申請が必要）。そのため，2年次に修了要件が整っても，卒業時にならないと本プログラムの同期の修了者人数は確定しない。ここでは，卒業しているか否かに関わらず，本プログラムの修了要件（必修科目8科目＋選択科目4科目）は満たしている者を「修了確定者」と呼ぶことにする。修了確定者数と修了確定者割合（＝修了確定者数／履修者数）を表6-1に示す。1期生から3期生においては，留年した1名を除けば，修了証はすでに発行されている。4期生の履修者27名の内7名は2年次より履修をし，2014年度に卒業したので，修了証が発行されているが，20名は卒業していないので修了証は発行されていない。2015年8月には，5期生の修了確定者は，いまだ在学中のため，修了証は発行されていない。

表6-1において，修了確定者割合を見てみると，1期生は履修者数40名に対し，21名修了確定しているので，修了確定者数は53%（21名／40名）となり，2期生は70%となり，3期生は63%，4期生は61%となっている。学生のためにと思って企画・開講した教員側としては，物足りない数字である。

本プログラムの履修者は，入学時に担当教員の面接試験により決定され，学長の許諾の下に履修できるようになっている。そのため，本プログラムの履修

表6-1　修了確定者数と修了確定者割合（2015年8月調べ）

	1期生		2期生		3期生		4期生		5期生	
修了年度	2010年度		2011年度		2012年度		2013年度		2014年度	
卒業年度	2012年度		2013年度		2014年度		2015年度		2016年度	
学部	人数	割合	人数	割合	人数	割合	人数	割合	人数	割合
文化教育	3	60%	12	80%	15	75%	16	67%	9	50%
経済	4	36%	9	82%	4	50%	3	30%	1	33%
理工	10	56%	4	36%	6	46%	6	75%	8	38%
農学	4	67%	5	83%	2	100%	2	100%	2	100%
合計	21	53%	30	70%	27	63%	27	61%	20	46%

を辞める場合は，理由書と指導教員の面接を受け，辞退届を出さなければならない。しかしながら，本プログラムの科目は一部卒業単位に含まれ，本プログラムを修了しなくても卒業は可能である。このことが，70％程度しか修了者が出なかった原因と思われる。辞退の理由としては，「アルバイトの都合」や「やりたいことが別に見つかった」などの安易な理由が多かったが，留学を決意したために本プログラムを辞退せざるを得ない学生もいた。

しかしながら，2013年度入学生（5期生）より，プログラムの科目の一部が卒業要件として必須であるインターフェース科目となったので，安易に履修を辞めると卒業ができなくなるので，修了率は高くなると予想される。現時点（2015年8月）で5期生の修了確定者の割合は46％（20名／43名）と低いが，内情を見てみると途中で履修を辞める学生が多い訳ではない。

5期生の履修者は43名（2013年度入学者36名＋2012年度入学者7名）で，修了していない23名には，退学者2名，休学者1名，インターフェースとならない学生（2012年度入学）が3名含まれている。これらの学生は本プログラムを修了することは見込めない。これらの6名を除く履修者は17名で，彼らの単位未取得状況を見てみると，必修科目1，2科目が満たない学生は6名，選択科目が満たない学生は11名であった。卒業までには，大部分が取得できる見込みであることを考えると，最終的には5期生の修了確定者の割合は86％（37名／43名）になる見込みである。入学したからには勉学に励み，卒業後社会人として活躍してもらいたいことを考えると，本プログラムが離脱者を出さないような「面倒見のよいプログラム」に成長することを願ってやまない。

なお，本プログラムは学生の高い就業力を育む効果的な教育プログラムとなってきていることが評価され，学長リーダーシップ特別措置枠の経費導入により，2016年度の入学生から履修学生を増やして2クラス編成で運用することが決まっている。

6.1.4 アンケート結果（学生の意見）
(1) 入学時のコンピュータスキルに関する質問調査の結果

プログラム履修希望者に対し，面接の待ち時間に，コンピュータスキルについての質問調査を実施している。その結果を図6-3に示す。これによると，プログラミングのスキルを持つ者は，例年ほとんどいないが，静止画や動画を使った作品作りの経験がある学生の割合が年々増加している傾向が見られる。

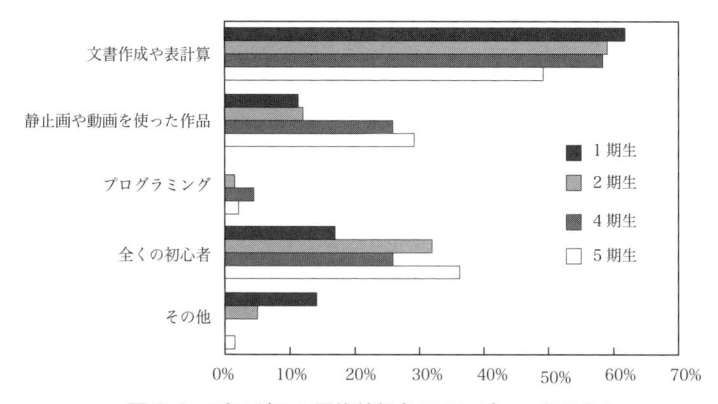

図6-3 プログラム履修希望者のコンピュータスキル

(2) 本プログラムでの学修内容の理解度

毎年次の終了時に，学修内容の理解度や本プログラムに対する満足度について質問調査を実施している。学修内容の理解度についての結果を図6-4に示す。いずれの年次でも，全体的に50％～80％の学生が「良く理解できている」もしくは「大体理解できている」と答えている。記述式の感想の項目にも「すぐに質問できるのが良い」，「先生やスタッフのサポートのおかげで無事に修了することができた」などサポート体制についての良い感想が多く，技術支援スタッフによるサポート体制（教職協働）がうまく機能していると評価されている。

(3) 本プログラムに対する満足度

本プログラムに対する満足度についての質問調査の結果を図6-5に示す。平

均してみると約80%の学生が「非常に満足している」あるいは「満足している」と回答しており，大変高い満足度が得られている。これはサポート体制が充実している点と，普段は扱うことのできない業務用の機器や多くのソフトウェアを使い，様々な分野を学修できる点が評価されたものと考えられる。また2年次末の感想としては，「苦手な私でもプレゼンテーションに慣れることができた」，「学部を越えた交流ができた」などの意見が聞かれた。

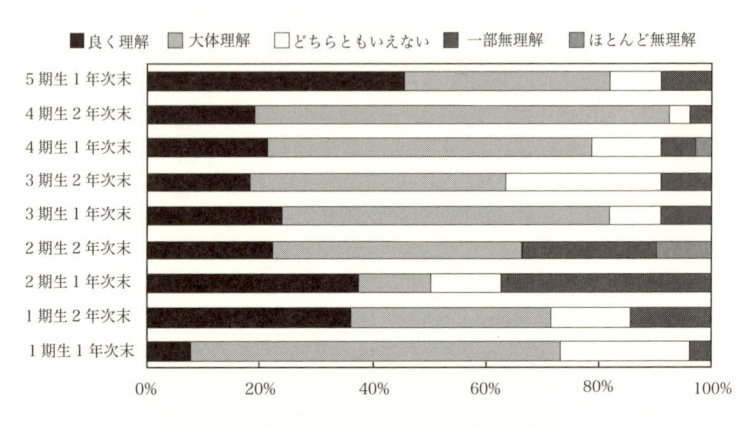

図 6-4　プログラムでの学修内容の理解度

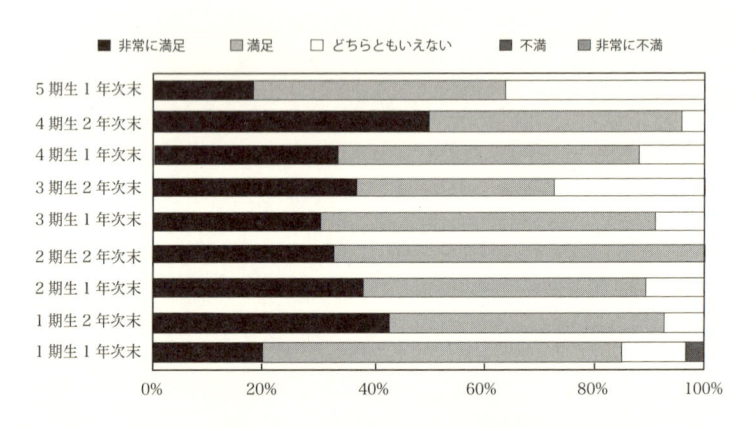

図 6-5　プログラムに対する満足度

(4) 演習室の利用時間

本プログラム履修者の演習室の利用時間（授業時間以外で1週間あたり平均してどのくらい利用したか）についての質問調査の結果を図6-6に示す。1年次は第1期生〜第5期生、2年次は第1期生〜第4期生のデータを集計している。1年次でも予習・復習・課題などで授業時間外に週あたり数時間程度は演習室を利用する学生は多いが、2年次には本プログラムの修了研究があり、その作品制作を行うため利用時間が1年次と比べ増加している様子が窺える。1年次には「もっといろんなソフトウェアや機器を使えるようになりたい」という声が多かったが、2年次には「プログラムを修了しても利用したい」、「夜間や土日でも使えるように開放して欲しい」などの意見が例年多い。

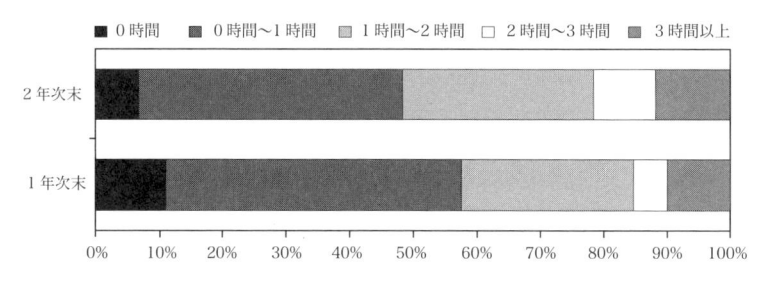

図6-6 演習室の平均利用時間

本プログラムの修了時の感想としては、「所属する学部や課程では学べないことが学べたり、他学部の人とも交流ができたりしたところが良かった」、「デジタルに強いということが自分たちの世代では当然とみなされている」、「このプログラムを受けることで、よりデジタルに強くなれたことはクリエーターではない仕事でも役に立つと思う」、「デジタル表現技術だけでなく、人間関係の輪を広げることができた」、「このプログラムを受講しなければできなかったことがたくさん学べてよかった」、「就職の選択肢が広がった」などの意見があった。本プログラムの目的が達成できていると感じさせる内容である。

表 6-2　本プログラム履修学生の受賞歴 [2)-9)]

年度	コンテスト名など	賞	作品名	期	入学学部
2010	日韓海峡映画祭・映像づくり若者交流キャンプ	最優秀作品賞	—	1期生	理工
2011	第7回学生国際ショートムービー映画祭	JTB ガイアレック地球倶楽部事業部監督賞	バス停	2期生	理工
	北信濃小布施映画祭	審査員(田中要次)特別賞	小石とともに	2期生	理工
	つくっとサガ アワード 2011	動画部門ゴールド	「恵比須巡りに行きたくなる」作品	1期生	理工
		動画部門ブロンズ	吉野ヶ里遺跡に行きたくなる映像	2期生	文教・理工
	佐賀市映像コンテスト 2011	審査員特別賞	tourism ～佐賀城への行き方～	1期生	理工
2012	第1回サガテレビ CM コンテスト	グランプリ	企業CM：レストラン志乃タイトル【しーの】	2期生	理工
	第1回佐賀大学コンテンツデザインコンテスト	若手部門最優秀賞	dissolve	2期生	文教
		若手部門優秀賞	Escape journey	2期生	理工
	つくっとサガ アワード 2012	映像部門ゴールド	Sky Walker - YOSHINOGARI HISTORICAL PARK	2期生	理工
	佐賀市映像コンテスト 2012	審査員特別賞	えびす旅	1期生	理工
2013	福岡インディペンデント映画祭2013	奨励賞／美術賞	ライウマ	2期生	理工
	第2回サガテレビ CM コンテスト	準グランプリ	【協賛企業賞】カッツカンパニー	2期生	文教
	第2回佐賀大学コンテンツデザインコンテスト	学生部門最優秀賞	鍋島化け猫騒動 -ダイジェスト版-	3期生	文教
		学生部門優秀賞	誰そ彼	3期生	文教
		佐賀県知事賞	遠つ人　領巾振りしより	3期生	文教
		菱実会賞	緑視率マップ作成ツール	1期生	理工
		サガテレビ賞	鍋島化け猫騒動 -ダイジェスト版-	3期生	文教
2014	第2回データビジネス創造コンテスト	最優秀賞	オープンデータの分析による救急搬送プロセスの向上	1期生	理工(3名)
	第3回佐賀大学コンテンツデザインコンテスト	学生部門優秀賞	佐賀大学日韓学生共同制作作品	3期生	文教
		有朋会賞	佐賀大学日韓学生共同制作作品	3期生	文教
		菱実会賞	人工花火	1期生	理工

6.2 学生による学会等での発表・コンテストでの受賞

2009年にスタートしたデジタル表現技術者養成プログラムは，2010年には成果が見えはじめた．本プログラム履修学生の主な受賞歴を表6-2に示す．

6.2.1 1期生の活躍

まず，2010年10月に韓国・済州島で行われた「日韓海峡映画祭・映像づくり若者交流キャンプ」にて，プログラム1期生の学生が撮影を担当した映像作品が最優秀作品賞に輝いた．

2011年12月佐賀県デジタルコンテンツ産業育成推進事業「つくっとサガアワード2011」にて，同1期生の学生が動画部門のゴールド（最優秀賞）に輝いた．彼は，佐賀市主催の「佐賀市映像コンテスト2011」と「佐賀市映像コンテスト2012」の2年連続で特別賞を受賞した．

2014年，1期生の学生3名は「Team Saggest」として，慶應義塾大学SFC研究所データビジネス創造・ラボがアクセンチュア株式会社と開催する「第2回データビジネス創造コンテスト(Digital Innovators Grand Prix 2014)」に臨み，最優秀賞に輝いた（図6-7）．このコンテストは，様々なオープンデータを分析し，自治体が抱える課題に対して新たな政策や解決方法の提言を競うものである．彼らは地元佐賀県の救急搬送時間の短縮につながるデータ分析と，解決方法としてスマートフォン向けのアプリケーションの提案を行い，実際に動作するアプリケーションを制作し，受賞につながった．

学部・学科など，専門分野の異なる学生のコラボレーションによる成果こそが，このプログラムが目指してきた

図6-7 最優秀賞のトロフィーは金色のシャベル

ものである.「オープンデータの活用」という,今後確実に求められる分野のコンテストに挑戦し,最高の評価を得ることで,本プログラムの持つ可能性の一端を示した.この功績をたたえて,2015年3月に佐賀大学学長賞と佐賀大学理工学同窓会菱実会長賞も授与された.なお,2015年の佐賀大学学長賞は彼らを含む3組だけであった.

6.2.2　2期生の活躍

プログラム2期生の学生は,1期生とも連携しプログラムの履修と並行して自主制作映画や大学コンソーシアム佐賀の活動の一つである「市民映画制作プログラム オープンシネマ コンソーシアム」による映画制作への取組で成果を出している.その他にも,自主制作映画では,2011年南大阪地域大学コンソーシアム主催の「第7回学生国際ショートムービー映画祭」JTBガイアレック地球倶楽部事業部監督賞と「北信濃小布施映画祭」審査員特別賞である田中要次特別賞の受賞を皮切りに,2012年にサガテレビ主催の「第1回サガテレビCMコンテスト」グランプリを,「つくっとサガ アワード2012」では映像部門ゴールドを,佐賀大学と国際コンテンツ会議ICCC2012のジョイント企画「第1回佐賀大学コンテンツデザインコンテスト」では若手部門優秀賞を受賞した.

プログラムの活動でもあったオープンシネマコンソーシアム作品「ライウマ」では,2013年に「福岡インディペンデント映画祭2013」にて奨励賞／美術賞の2冠に輝いた.現在,彼は九州で活動する若手フィルムメーカー達のネットワーク"CHINZEI"というグループにて映像ディレクターとして制作活動に励んでいる.

6.2.3　3期生の活躍

プログラム3期生の学生は,「第2回佐賀大学コンテンツデザインコンテスト」において学生部門最優秀賞とサガテレビ賞を受賞した.受賞した作品は「鍋島化け猫騒動」という佐賀鍋島藩にまつわる伝説にもとづいたアニメーションであった.テレビで放送されているアニメーションと比べても見劣りしないクオ

リティの作品を学生が制作したということでメディアにも注目され，地元の新聞やTV番組の取材を受け，記事として掲載され，密着取材の映像が放映された。

さらに，この作品は，2014年6月に「体験！富士町古湯映画祭〜第31回古湯映画祭プレイベント」で薩摩琵琶奏者・北原香菜子さんが，「鍋島化け猫騒動」のアニメーションに合わせ，琵琶の演奏と語りを披露する「ビワニメーション」という試みで上演された（図6-8）。

彼女は現在，教育学研究科の大学院生として次なるアニメーション作品「新・江藤新平伝」の制作にとりかかっている。この作品も，佐賀という地域を題材にしている。アニメーションを地域振興策として使うのは他県でも行われているが，ほとんど外部プロダクション委託である。佐賀の大学生が中心となり，同様のものを独自で作り上げようとするこの取組は，あらためて地域との連携や地域創生の面で注目されていくと思われる。

図6-8　イベント告知ポスター「ビワニメーション」

6.2.4 佐賀大学コンテンツデザインコンテスト

佐賀大学地域環境コンテンツデザイン研究所主催で，2013 年に開催した「第 2 回佐賀大学コンテンツデザインコンテスト」では，本プログラムの 3 期生が学生部門最優秀賞，学生部門優秀賞，佐賀県知事賞，佐賀大学理工学部同窓会菱実会賞，サガテレビ賞を受賞した。翌年の 2014 年の「第 3 回佐賀大学コンテンツデザインコンテスト」では，学生部門優秀賞（3 期生），佐賀大学文化教育学部同窓会 有朋会賞（3 期生），佐賀大学理工学部同窓会 菱実会賞（1 期生）を受賞した。

6.2.5 学会発表

作品の受賞歴以外にも，プログラム履修学生は修了研究やコンテンツ制作にかかわる活動について CIEC（コンピュータ利用教育学会）の PC カンファレンスなどの学会で発表を行ってきた[10)-12)]。

1 期生の 3 名はプログラム修了後の 2011 年に始めた留学生のための日本語教材開発についての研究活動について PC カンファレンスで報告を行い，佐賀大学で開催された国際コンテンツ会議 ICCC2012 において研究成果について英語で発表を行った[12)]。これらの経験が，第 2 回データビジネス創造コンテストでの最優秀賞受賞へとつながったといえよう（図 6-7 参照）。

6.3 修了した学生の声

デジタル表現技術者養成プログラムを修了した学生に，このプログラムを受講した目的や理由，そして受講後の感想等をまとめた。

6.3.1 動機や目的

プログラムを受講した学生の動機や目的は，高校生までにイラストや動画といった作品を制作した経験がない者と経験がある者で異なっていた。

(1) 作品制作未経験者

　大学入学するまでに制作した経験のない学生の動機や目的の一つには、「学部の専門外の技術を身につけられたら、将来何かに役立つのではないか」という副専攻的な考えによるものがあった。

◇私がデジタル表現技術者養成プログラムを受講しようと思ったのは、学部の専門外の経験が、将来何かに役立つのではないかという考えからでした。申し込みまでは非常に悩みました。1期生ということで、過去の受講生の情報もなく、具体的なイメージもわかず、通常の大学の勉強、アルバイト、サークルなどと両立できるか不安があったためです。しかし入学前に、就職後のことを見据え大学では4年間に経験できることは可能な限り挑戦しようと決めていたため、その意志に従うことにしました。(学生A／1期生・農)

◇高校生の頃からパソコンを使って何かを作るということに興味がありました。たまたまこのプログラムのことを知り、「大学に通いながら、専門学校生さながらの技術を身につけられる」という点に魅力を感じたことが、このプログラムを受講しようと思ったきっかけです。(学生B／3期生・経済)

　もう一つは、「アニメーションや映像制作というプログラムの内容そのものに興味・関心を持った」というものであった。

◇デジタル表現技術者養成プログラムを受講した理由は、映像制作にとても関心があったからです。自身で実写の映画制作やアニメーション制作をやってみたいという気持ちがあり、映像編集や3DCGの技術、デザインの手法等を学びたいと思い受講しました。(学生C／1期生・理工)

◇このプログラムを受講しようとしたきっかけは、もともとアニメーションに興味があって、自分の作ったキャラクターを動かせるようになれたら素敵だなと思ったからです。それに将来はデザイナー志望だったので、Illustrator や Photoshop を基礎から学ぶことができるというのも大きな魅力でした。(学生D／3期生・文教)

(2) 作品制作経験者

　高校までに制作した経験のある学生の動機や目的は,「映像制作というプログラムの内容そのものに興味・関心を持った」ということ以外に,「自分の表現の幅を広げたい」といったものがあった。

◇元々, 高校生のときから自主映画制作などには参加していたので, 映像制作そのものは身近な存在でした。でも, 大学受験の時点では佐賀大学に「デジタル表現技術者養成プログラム」があることは知らず, 理科系の学部に進学を希望していたので機能物質化学科を受験しました。その後, 入学手続き書類の中に他のものとは違う明るいカラーの本プログラムの案内が目にとまり,「化学と一緒に映像表現を学べるなら受けてみたい！」と思ったのが最初のきっかけです。(学生E／1期生・理工)

◇私は絵を描くことが好きで, デジタルでも絵を描けるようになりたいと思ったのがこのプログラムを受講するきっかけです。このプログラムではデジタルツールを用いた様々な表現方法を学ぶことができると知り, 自分の表現の幅が広がればと思い受講を決めました。(学生F／3期生・文化教育)

　「本格的なソフトウェアを使って作品を制作したい」という強い思いを持っていても, 受講に踏み切れなかった学生もいたが, 周りからの強い後押しで受講を決めることができた学生もいた。

◇大学入学の手続きのしおりの中に「デジタル表現技術者養成プログラム」のチラシを家族が発見し, それを受講するよう強く勧められたのが, このプログラムを受講したきっかけです。昔から絵を描くことが大好きでしたので,「本格的なデジタルソフトで作品を制作したい」という思いは元々あり, 関心もありました。しかし, 私は積極的にこのプログラムを受講しようとは思っていませんでした。でも,「これは絶対にあなたは受けた方がいい！」と母と姉に強く背中を押されたことで,「受講を諦めて後悔するより, まず行動しよう」という気持ちになり, 受講を決めました。今思えば, この家族の後押しがなければ,大学4年間を安心した気持ちで過ごせなかったと思います。

(学生G／3期生・文化教育)

6.3.2 プログラムの感想
　プログラムを受講した学生の感想の内容は「受講して良かった」というものが多かった。

(1) 制作スキルについて
　多くは「デジタル作品を制作する際に使用されるソフトを幅広く学べて，知識を更に深めることができた」という理由からである。

◇このプログラムを受講して良かったと感じたことは，Illustrator や Photoshop はもちろん，その他の映像制作系の Adobe 社のソフト（After Effects や Premiere Pro），3DCG ソフト（Shade）など，デジタル作品を制作する際に使用されるソフトを幅広く体験できたことです。その他にも，ビデオカメラの使い方を，作品を実際に作りながら学ぶことができました。このプログラムを受講したことによって，私はアニメーションやデジタルイラストの知識を更に深めることができました。(学生 D)

◇所属学部での活動において，卒業研究報告会や学会発表で使用するスライドに挿入するイラストを自分で作成できたことです。プレゼンテーションを分かりやすくするために図やイラストを頻繁に使用しますが，著作権の問題には非常に気を遣いますし，理想通りの図が見つからないこともよくあります。しかし，デジタル表現で学んだおかげで，自分で必要な図やイラストを作成することができるようになったため，それらの問題がなくなりました。
(学生 A)

(2) 表現スキルについて
　このプログラムを受講した学生の多くは，これに加えて「自分の考えを分かりやすく伝えることを意識でき，先生や仲間達と作業をして作品を制作するだけでなくお互いの作品を評価し合えた」ことを重視していることが分かった。

これは，このプログラムの授業で制作した作品については，クラス内で必ずプレゼンテーションを行い，評価を受けるようになっていることが大きな理由である。特に，修了研究で制作した作品については，「電脳芸術展」として一般公開している。このイベントは，佐賀大学美術館ができる前は学外の施設で開催していたが，美術館ができて以来，そこを会場として開催している。そのため，学外だけでなく学内からの来場者も増えている。また，公開発表会としてクラス以外の学生や教職員にも，修了研究で制作した作品についてプレゼンテーションを実施している。このような経験が，以下のような感想として出てきたのであろう。

◇このプログラムを受講してよかったと感じたことは，他者に自分の考えをどうやったらうまく伝えることができるのか，ということを意識するようになったことです。このプログラムでは，作った作品のプレゼンテーションを行う機会が多く，時には複数人で作品を作ることもあったことから受講生同士の話し合いを行うこともありました。そのため自然と，自分の考えを分かりやすく伝えることを意識する訓練ができました。専攻学部でそういった練習をする講義は少なかったので，そういった経験を積むことができて良かったと感じています。(学生A)

◇表現の方法の修得という面でも受講して良かったと感じる機会は多くありました。プレゼンテーションにおいても，「動画を使えないか」，「どのようなレイアウトにしたら理解してもらいやすいのか」などを考えるようになり，本プログラムで学んだ様々な表現の中から，より分かりやすい表現方法を使うことができるようになり，役に立っています。(学生E)

◇このプログラムを受講して良かったと感じたことは，「普通の大学生には得られない経験を得たこと」です。このプログラムのある授業では，プロ仕様のカメラを使用した撮影から専門的なソフトを駆使した編集作業等を学びます。このように，一つの授業の中でも自分が行う作業は多岐にわたっています。また，先生方や仲間達，時にはプロのクリエーターの方とともに作業をして作品を制作するだけでなく，自分の作品について発表したり，お互いの

作品を評価し合ったりします。普通の大学生活を送るだけでは，決してこのような体験はできません。4年間大学生として過ごしたからこそ，そのような体験がいかに貴重であるかが身に染みて理解できます。それが経験できるのがこのプログラムの魅力だと思います。(学生B)

◇私は人前で話すことが苦手ですが，プログラムでは毎回作品発表があったため，自然に話すことに慣れることができました。今でも克服できたとは言えませんが，前ほどは人前で話すことに抵抗がなくなったと思います。作品制作以外の点でもプログラムの活動経験は役に立っています。(学生F)

6.3.3 プログラムがきっかけになった活動

受講した学生の一部は，デジタル表現の授業で得た知識や技術を活かした活動について学会にて発表する機会も与えられました。これも，学生にとって大変ではあったが，貴重な経験となったようである。

◇デジタル表現の授業で得た知識や技術を活かして，多くの教材を作成することができたことです。様々なネット授業の教材制作や，留学生のための日本語教材の制作に携わることができ，さらに多くの知識や技術が身につきました。また，制作した教材について学会で発表することで，論文を書く力や発表する力を身につけることができました。(学生C)

受講した学生の一部は，このプログラムで出会った友人とサークルを立ち上げたり，様々なイベントに参加したり，授業以外でも積極的に活動している。

◇本プログラムを受講したことで，学内や学外，海外の仲間ができ，その仲間と数多くの協働作業をすることができました。例えば，学内ではなかなか交わることの無い他の学部の同級生とAR技術を使用した展示物の制作をすることができました。このとき，理系だけではない学部の学生とも作業できたので様々な見方からの意見などが出てとても参考になったのを覚えています。また，このプログラム受講者を中心にサークルの立ち上げも行いました。

学外では，県内の映像系学科の人や市民の方々と一緒に映画を作ったり，プログラミング研究会に参加したりしました。大学に入って初めて佐賀市に一人暮らしをしたのに，地元の市民の方々とこんなにも交流ができたのもこのプログラムならではだと思います。また，海外との国際的な映画交流キャンプにもカメラマンとして参加することができ，韓国の済州島で短期撮影キャンプに参加することもできました。(学生E)

◇デジタル表現の授業は，全学部から受講生が集まるため，他学部の友達がたくさんできました。また，デジタル表現の仲間と共に，デジタル表現サークル「BOITORI」を立ち上げることができ，様々な課外活動を通してとても充実した学生生活を送ることができました。(学生C)

◇このプログラムを受講したことで異なる学部の同級生との交流や社会人の方々とお話しする機会も増え，視野が広がったことも役立ったと思っています。特に，プログラムで知り合った友人たちとサークルを立ち上げたり，イベントに参加したりと，活動範囲が広がり様々な経験をしたため，企業の方々に自分の性格を具体的に紹介するエピソードに恵まれました。(学生A)

◇このプログラムでは学部学科を問わずデジタル表現やモノづくりに興味を持つ人が集まっていて，グループで制作を行うこともあったので交友関係も広がりました。お互いに教え合い，完成した作品に対して質問したり感想を述べたりすることで改善点が見つかり，次の作品づくりへの意欲も湧きました。同じテーマでも創るものは皆違っていて，その作品を見られるだけでも刺激になりました。モノづくりの好きな仲間と出会えたことも受講して良かったことの一つだと思っています。(学生F)

6.3.4 プログラム修了後の活躍

プログラムの授業だけでなく，個人の活動においても様々なコンテンツを制作している学生は，コンテストに応募して優秀な成績を収めている学生もいる。そして，それが希望する職種への就職につながった学生もいる。

◇デジタル表現の授業で学んだ技術を使って，授業以外にも個人で様々な作品

制作を行うことができました。初めて応募したコンテスト「創人 saga アワード 2011」の動画部門で，グランプリを受賞することができ，とても嬉しかった経験があります。他にも，「佐賀市映像コンテスト」で審査員特別賞を受賞し，佐賀市の CM 制作にも携われることができました。(学生 C)

◇ 2013 年 12 月 8 日に行われた第 2 回佐賀大学コンテンツデザインコンテストでは，本プログラムの修了研究で制作したアニメーション作品「鍋島藩化け猫騒動」が，学生部門での最優秀賞とサガテレビ特別賞の 2 つの賞をいただきました。賞をいただいたのは小学校以来でしたので，たいへん感動しました。また，2014 年の 6 月には，上記のアニメーションに佐賀市出身の薩摩琵琶演奏者の方の演奏と語りを合わせるという世界初のコラボレーションである「ビワニメーション」を上演し，多くの方たちの好評を得られ，その後も何度か上演することになりました。また，この「ビワニメーション」については，地元のテレビ局であるサガテレビの番組内に特集を組んでいただき，人生初のテレビ出演を果たしました。(学生 G)

◇このプログラムを受講したことによって，私はアニメーションやデジタルイラストの知識を更に深めることができました。制作したアニメーションを，第 2 回佐賀大学コンテンツデザインコンテストに出展し，学生部門優秀賞をいただくことができました。自分の卒業制作では，この経験を活かしアニメーションを制作しました。就職先もデザイン系の会社で，イラストを描いたりチラシを作ったりしています。自分のやりたいことを仕事にできたことを，本当に幸運なことだと思っていますし，またとても感謝しています。(学生 D)

◇このプログラムは，就職活動の際にとても役にたちました。「大学にいながら，専門の技術を身につける」ものであるため，一般の大学生と比べて必然的に取得単位数は多くなり，辛いことも少なくありません。その一方で，「大学時代，私はこれを頑張りました」と胸を張って言える経験が得られます。全国の大学の取組の中でも独特な内容の，このプログラムは，IT 系ではない金融，食品，農業，その他様々な分野における企業の方にも興味を持ってもらいやすいものでした。そのため，私の就職活動においてもかなり強力に自

分を PR できる話題となり，就職につながりました。(学生 B)

　これらの学生の意見を通して見えてくるものは，このデジタル表現技術者養成プログラムは，学生に主体的な学びを身に付ける効果的な取組であることの証明である。作品制作にあたり，テーマや手法を自ら考え，自らの考えを説明することで，友人や家族あるいは周囲の人々の支援や協力を得ていく過程は，技術を修得する以上の教育効果となっているのであろう。

引用・参考文献資料
1) 環境キャリア教育（佐賀大学版環境教育）プログラム：
 http://net.pd.saga-u.ac.jp/kankyo-ed/index.html　（2015/11/26 アクセス）
2) 日韓海峡映画祭・映像づくり若者交流キャンプ：
 http://www1.saga-s.co.jp/news/saga.0.1760383.article.html（2015/11/26 アクセス）
3) つくっとサガ アワード 2011：
 https://www.crtv-saga.jp/frmAwardMoviePortfolioList.aspx　（2015/11/26 アクセス）
4) 佐賀市映像コンテスト 2011：
 https://www.city.saga.lg.jp/video_contest/movie2011.html　（2015/11/26 アクセス）
5) 佐賀市映像コンテスト 2012：
 https://www.city.saga.lg.jp/video_contest/movie2012.html　（2015/11/26 アクセス）
6) 第 7 回学生国際ショートムービー映画祭：
 http://www.osaka-unicon.org/project/2011eigasai/result.html（2015/11/26 アクセス）
7) 福岡インディペンンデント映画祭：
 http://www.fidff.com/. (2015/11/26 アクセス）
8) 第 1 回サガテレビ CM コンテスト：
 http://www.sagatv.co.jp/event/cm_contest/2012/cm_sakuhin_gra.html
 (2015/11/26 アクセス）
9) 第 2 回サガテレビ CM コンテスト：
 http://www.sagatv.co.jp/event/cm_contest/2013/cm_sakuhin_gra.html
 (2015/11/26 アクセス）
10) 久家淳子, 永渓晃二, 古賀崇朗, 米満 潔, 糸山ゆう, 古川将大, 溝上 智奈美, 早瀬郁子, 城 保江, 早瀬博範, 穗屋下 茂：教員と学生のコラボによる留学生のための日本語教材作成, PC カンファレンス 2012（京都大学）(2012/8), pp.21-22 .
11) 古川将大, 糸山ゆう, 溝上 智奈美, 稲冨郁子, 早瀬郁子, 城 保江, 早瀬博範, 穗屋下 茂, 久家淳子, 永渓晃二, 古賀崇朗, 米満 潔, 福崎優子：留学生のための日本語教材開発, 2012 九州 PC カンファレンス（宮崎大学）, (2012/11), pp.40-41.
12) Shota Furukawa, Yu Itoyama, Chinami Mizokami, Ikuko Hayase, Yasue Jo, Hironori Hayase, Shigeru Hoyashita, Junko Kuge, Koji Nagatani, Takaaki Koga, Kiyoshi Yonemitsu, Yuko Hukuzaki：E-Learning Pre-Study Abroad Japanese Program, ICCC, Saga, Japan (2012/12), pp.147-148.

第7章 佐賀大学コンテンツデザインコンテスト

　昨今，ICT産業の国際競争はますます激化してきており，高等教育機関においても，質的に高度なコンテンツデザインの研究や人材育成が期待されている。文化，芸術，歴史，産業，医療，教育などのあらゆる領域において，映像を中心とした2D表現，立体視を備えた3D表現，及び拡張現実感などの先端インターフェースによる新たなコンテンツデザイン能力を持つ人材が求められている。そのような状況において，佐賀大学では2012年から「佐賀大学コンテンツデザインコンテスト（SCDC）」（以下コンテスト）を開催している[1]。コンテストの募集対象は佐賀大学の学生に限定せず，国内外の高校生（中学生以下含む），大学生（専門学校生，高等専門学校生，短期大学生，大学院生を含む），一般社会人としている。コンテストの運営は，佐賀大学地域環境コンテンツデザイン研究所[2]，eラーニングスタジオ及び学生らの協同作業で行っている。第2回からは学内に附設された美術館で開催し，学術的にも教育的にもコンテストの存在を高めるようにしている。

7.1 コンテスト開催までの経緯

　コンテストが開催できた環境としては，(1) eラーニングスタジオの設立，(2) デジタル表現技術者養成プログラムの実施，(3) 地域環境コンテンツデザイン研究所の設立を行っていたことが挙げられる。

(1) eラーニングスタジオ
　2001年にeラーニングスタジオ[3]を学内の1室（文化教育学部教育実践センター）に有志で創設した。その当時, 日本ではeラーニングは始まったばかりで，

それまで耳にしたことのない新しい言葉であり，まだ一般的ではなかった。また，eラーニングシステムの構築やコンテンツを企業に依頼すると非常に高価であった。例えば，1回の講義映像コンテンツを外注で制作しようとすると数百万円から一千万円かかる時代であった。また，eラーニングスタジオには大学からの予算措置はほとんどなかったので，サーバの構築・運用，学習管理システム（LMS：Learning Management System）の開発，eラーニングコンテンツの開発は，アウトソーシングせず，自大学で行うことにした[4]。LMSは，グループウェアの機能を活かして地元企業と共同開発した。その後，文部科学省のGP（Good Practice）などの補助金で，ネット授業（単位の取得できるVOD型フルeラーニング）の展開は軌道に乗ったが，自大学でeラーニングシステム（LMSやコンテンツ等）を開発・運用する方針は貫くことにした。LMSは2007年度からオープンソースのMoodle（Modular Object-Oriented Dynamic Learning）を利用している。また，学生及び教員の支援体制も自然に構築され，メンターの役割も十分に機能するようになった。結果的には，eラーニングスタジオにはeラーニングを推進するために必要な最先端のICT活用スキルが蓄積されることになった。このICTを教育に活用する能力は，佐賀大学の大きな特徴・強みとなっている。

(2) デジタル表現技術者養成プログラム

2008年度には，eラーニングスタジオのスタッフの授業支援を基に，ネット授業推進委員会メンバーの教員が「デジタル表現技術者養成プログラム[5]」を開講するに至った。このプログラムは，全学部の学生対象に専門分野の知識・スキルにデジタル表現能力を付加させることによって，卒業後に高度情報化社会のニーズに対応できる能力を持った人材育成を目的としている[6]。デジタル表現技術者養成プログラムの修了研究では，学生はオリジナルのショートムービー，アニメーション，プログラミング，インタラクティブ作品等の創作を行う。コンテストは，プログラム履修生にとっての登竜門として位置付けられている。また，コンテストに募集された作品の管理には，デジタル作品全般に精通したスタッフが必要とされるため，このデジタル表現技術者養成プログラム

関係者が運営にあたっている。

(3) 地域環境コンテンツデザイン研究所

2012年には，デジタル表現技術者養成プログラムの担当教員の他，学内のICT活用や文化歴史等に詳しい教員が加わり，地域環境コンテンツデザイン研究所を開設した。地域環境コンテンツデザイン研究所は，学内のプロジェクト研究所[7]の一つで，活動するのに必要な部屋・経費・人員が一切予算措置されない仮想の研究所である。地域環境コンテンツデザイン研究所では，人文系，教育系，芸術系，工学系の各分野に在籍する研究者らが，佐賀の地域資産を先端システムインタフェースとアートやデザインの視座を持ちながらクリエイティブなコンテンツの開発研究を行っている。本研究所の主な研究対象を表7-1に示す。この研究所のネットワークを活かして，コンテスト運営に必要な専門分野の人材の確保やコンテストを広く地域にPRすることを可能としている。

表7-1　地域環境コンテンツデザイン研究所の研究分野

(1) 歴史的文化遺産：吉野ヶ里遺跡，川南造船所，佐賀藩の造船所施設（三重津海軍所跡），佐賀藩の西洋式反射炉を3D立体視映像で復元
(2) 医療関係可視化：内臓，筋肉，骨の動き，DNA配列など
(3) 工学関係可視化：「海洋エネルギーの研究」「シンクロトロン光応用研究」高度シミュレーション
(4) 地域，街中再生事業：ARによる観光マッピング，モバイル端末活用によるエコツーリズム，エコミュージアム
(5) 地域に特化した双方向3Dデジタル教材，学習システムの開発
(6) メディア芸術やデザイン要素を持つ地域コンテンツの研究
(7) 3Dスキャナーや3Dプリンターを活用した先端研究
(8) 人材育成と地域のコンテンツ産業の創出支援
(9) コンテストや展示会等によるデジタル文化の啓蒙活動，など

(4) 国際会議 ICCC 2012 の開催

2012年12月に，国際会議「ICCC (International Conference on Convergence Content) 2012」[8]が佐賀大学で開催された。作品展示とポスターセッション

の様子を図7-1に示す。ICCCは，韓国コンテンツ学会KoCon（Korea Contents Association）[9]及び韓国科学技術情報協議会KISTI（Korea Institute of Science and Technology Information）[10]による情報コンテンツに関係する幅広い研究を扱う国際会議である。

　コンテストは，佐賀大学で開催された国際コンテンツ会議（ICCC）とのジョイント企画として始まった。しかし，1回開催のみに終わらず以後も継続すべきであるという佐賀大学長の意向により，地域環境コンテンツデザイン研究所を中心とした佐賀大学主催で，企画開催することになった。また，共同開催として，佐賀県における産学官包括連携協定や県内のクリエイティブ関連産業の活性化を目的として設立されたC-revo in Sagaなどの協力を得ている。

(a) 作品展示　　　　　　(b) ポスターセッション

図7-1　ICCC 2012を佐賀大学で開催

7.2　コンテストの企画運営

7.2.1　佐賀大学コンテンツデザインコンテスト

【開催日程】

　第1回から第3回までの開催日程及び会場を表7-2に示す。第1回の会場は，佐賀大学教養教育1号館であった。第2回より2013年に学内に新設された佐賀大学美術館（図7-2）で開催している。

表 7-2　開催日程及び会場

	日程	会場
第1回	2012年12月15日（土）〜16日（日）	佐賀大学教養教育1号館
第2回	2013年12月7日（土）〜8日（日）	佐賀大学美術館
第3回	2014年11月12日（水）〜16日（日）	佐賀大学美術館

図 7-2　佐賀大学美術館

　開催期間中は入選作品の展示を行っている。開催期間は第2回まで2日間であった。第2回の作品展示は好評を得て，同年12月から約2週間の追加展示を行った。この実績もあり，より多くの人に来場していただき作品に触れていただきたい，特に佐賀大学の学生や教職員にも周知を広げたいという考えから，第3回からは開催期間を5日間に延長している。

【募集部門】

　第1回は，高校生部門と30歳以下の若手部門の2部門とした。若手部門には，韓国にて行われた1次審査を通過した作品も入選作品としてエントリーされた。第2回以降は，高校生部門（中学生以下を含む）・学生部門（専門学校生，高等専門学校生，短期大学生，大学院生を含む）・一般部門の3部門となっている。

【募集作品】

　エントリーに際して作品のテーマは特に設けていない。実写映像や2D・3DCGアニメーション，アプリケーション，教育コンテンツ，産業コンテンツ，

地域コンテンツ，建築・都市デザインなど，多くの領域から幅広くデジタルコンテンツの作品を募集している。作品の種類は，「静止画」「動画」「インタラクティブ」「その他」の4つのカテゴリーに分類している。これまでの応募作品の例を表7-3に示す。

表7-3 応募作品の例

作品の種類	内容・作品例
静止画	ポスター，イラスト，グラフィックデザインなど
動画	2D・3DCGのアニメーション，ショートムービー，ストップモーションアニメーション，ミュージックPVなど
インタラクティブ	ゲーム，タブレット端末で動作するアプリ，インスタレーション，ナチュラルインターフェース利用作品など
その他	プロジェクションマッピング，デジタル技術を用いたパフォーマンス，プロダクトデザインなど

【応募】

応募は，本コンテストのWebサイトからエントリーし，後日作品のデータと応募シートを提出する方法をとっている。第1回では，専用のエントリーシートをWebから投稿する方法をとっていた。第2回からはエントリー方法を大きく変更した。コンテストのWebサイトにエントリー専用のフォームを設け，Step1「エントリー」，Step2「提出用応募シートの作成」とし，Web上の応募手続きを2段階で完了するシステムを構築した。これらのシステムはすべて佐賀大学の技術支援スタッフが開発している。

第2回までは国際公募展として開催していたため，エントリーフォームの項目は日本語と英語の併記となっていた。そのため，多くの学生が英文での文章作成に苦慮していた。第3回以降は国内向けのコンテストとして開催しており，英文を入力するエントリーの項目は設けていない。

【エントリー数】

各回の入選作品及びエントリー数の内訳を表7-4，表7-5，表7-6に示す。第1回は63作品，第2回は137作品，第3回は152作品のエントリーがあった。

表7-4 第1回の入選作品数（2012年）

作品の種類	高校生部門	若手部門（日本）	若手部門（韓国）	合計
静止画	0 (3)	1 (3)	18 (18)	19 (24)
動画	1 (6)	5 (19)	2 (2)	8 (27)
インタラクティブ	2 (2)	1 (2)	0 (0)	3 (4)
その他	3 (5)	3 (3)	0 (0)	6 (8)
合計	6 (16)	10 (27)	20 (20)	36 (63)

（ ）はエントリー数

表7-5 第2回の入選作品数（2013年）

作品の種類	高校生部門	学生部門※	一般部門	合計
静止画	3 (4)	1 (35)	1 (3)	5 (42)
動画	0 (1)	10 (53)	9 (13)	19 (67)
インタラクティブ	0 (2)	1 (2)	1 (2)	2 (6)
その他	5 (5)	4 (14)	0 (3)	9 (22)
合計	8 (12)	16 (104)	11 (21)	35 (137)

※海外からのエントリー20作品を含む　（ ）はエントリー数

表7-6 第3回の入選作品数（2014年）

作品の種類	高校生部門	学生部門	一般部門	合計
静止画	0 (3)	5 (86)	2 (4)	7 (93)
動画	1 (4)	10 (33)	5 (12)	16 (49)
インタラクティブ	0 (0)	1 (1)	0 (1)	1 (2)
その他	2 (2)	0 (2)	3 (4)	5 (8)
合計	3 (9)	16 (122)	10 (21)	29 (152)

（ ）はエントリー数

　回を重ねるごとにエントリー数は増えており，県外からの応募実績もあるため，少しずつではあるが周知は広がっているようである。学生部門では，佐賀大学の「デジタル表現技術者養成プログラム」をはじめとした，大学や専門学校によるクラス単位での応募が増えている。この傾向は県内や近県の地域で顕著にみられるため，今後はコンテストへの応募が恒例化するように周知していきたい。個人で制作活動をしている学生からのエントリーは東京，名古屋，大

阪などの都市部に多い傾向がみられる。作品数としては多くないが，毎回これらの地域からエントリーがある。

【審査・結果発表】
　審査は，佐賀大学の教員や技術支援スタッフら本コンテストの実行委員会による1次審査と実行委員会により選定された特別審査員による2次審査の2段階で実施される。特別審査員には，専門的な視点からの作品評価を得るため，外部よりディレクターやプロデューサーとして活躍するクリエーターを招いている。

　1次審査を通過した作品を入選としている。入選作品の中から，当日コンテスト会場に来場可能な応募者を対象に2次審査を行う。入選作品は本コンテストの開催期間中に会場内に展示される（図7-3）。

(a) 動画作品の視聴　　　(b) その他作品の展示

図7-3　作品展示の会場

　2次審査は本コンテストの開催期間中に公開審査の形式で行われる。2次審査では，応募作品について作者自らが3分間のプレゼンテーションと作品の発表を行う（図7-4）。高校生部門から順に行い，すべての発表終了後に，審査員による審議が行われ，部門ごとに「最優秀賞」1作品，「優秀賞」2作

図7-4　2次審査（第3回）

第7章 佐賀大学コンテンツデザインコンテスト　165

品が選出される。

　学生部門最優秀賞（第2回）に輝いたアニメーション作品「鍋島化け猫騒動」の一コマを図7-5に示す。この作品は，すぐにでもTVで放映できるレベルに達している点が高く評価され，コンテストの協賛であるサガテレビからの特別賞「サガテレビ賞」も同時受賞した。図7-6は，一般部門最優秀賞作品（第3回）「JITENSHA PUNK」で，アニメーションによるミュージックPV（Promotion Video）である。

図7-5　学生部門最優秀賞（第2回） 　　図7-6　一般部門最優秀賞（第3回）

　特別賞「菱実会賞」（第2回）を受賞した「緑視率マップ作成ツール」は，スマートフォンやタブレットのカメラ機能を使って，誰でも緑視率の算出や分布を可視化できるところが高く評価された（図7-7）。図7-8は高校生部門最優秀賞作品（第3回）で，「高校生がプロジェクションマッピングをやってみた第6弾」というタイトルで身近なノートを使ったプロジェクションマッピングであっ

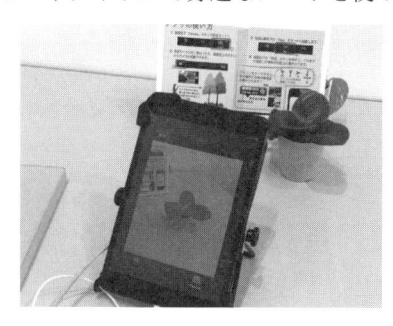

図7-7　緑視率マップ作成ツール 　　図7-8　高校生がプロジェクションマッピングをやってみた第6弾

た。なお，各年度の受賞作品は本コンテストのWebサイト[1]に掲載している。審査結果発表と表彰式は，当日会場にて実施している（図7-9）。

7.2.2 特別講演の開催

本コンテストでは開催期間中に，特別審査員を務めるクリエーターや外部の講師による特別講演を開催している。これまでに開催した特別講演を表7-7に示す。福岡をはじめとした地方を拠点にしながら，業界の第一線で活躍するクリエーターによる講演の内容は，それぞれの仕事の舞台裏や地方ならではの企画や情報発信などに及び，当日プレゼンテーションを行った応募者やデジタルコンテンツを制作する佐賀大学の学生たちも大いに刺激を与えている。

図7-9 表彰式

表7-7 特別公演

	氏名	所属
第1回	小島淳二氏	teevee graphics, inc
第2回	小島淳二氏	teevee graphics, inc
	白川東一氏，高村 剛氏	空気株式会社
	山田修明氏	
第3回	佐野 彰氏	九州産業大学
	浅尾芳宜氏	株式会社ガイナックス，大阪芸術大学
	山田修明氏	空気株式会社

一般の来場者が特別講演の聴講を目的に来場する姿も見られ，今後もコンテストの企画として特別講演を続けていくことは，地域へ向けたコンテストの周知に繋がることが期待できる。

7.2.3 広報活動

コンテストの広報活動としては，プレスリリースの発行，チラシの制作や配布，様々な媒体への情報掲載の依頼などを行っている。

第1回は開催決定から開催日までの期間が短かったために，十分な広報活動を行うことが出来なかった．佐賀県内の関係機関や学内向けが中心で，県外への告知はごく僅かであった．第2回以降は本コンテストの周知を図ることを第一の目標に，県外への宣伝活動も積極的に行っている．また，佐賀新聞社，読売新聞西部本社，朝日新聞社，西日本新聞社，毎日新聞社，NHK佐賀放送局，サガテレビ，エフエム佐賀，NBCラジオ佐賀，などのマスコミにも名義後援をお願いするとともに，記事やお知らせ欄を利用した周知をお願いしている．

チラシは一回のコンテストを通じて，「作品募集」と「イベント告知」の2種類を制作している．作品募集チラシは作品募集開始にあわせて制作し，イベント告知チラシは展示会の開催にあわせて制作している．第3回で作成した2種類のチラシを図7-10に示す．

a. 作品募集　　　　　　　　b. イベント告知

図7-10　第3回の作品募集とイベント告知のチラシ

制作したチラシは，佐賀市内の公共機関や学内への設置に加え，九州一円の高等学校や高等専門学校，コンテンツ制作に関心の高そうな学部や学科のある大学，専門学校へ送付している．さらに，九州内の美術館・博物館へも送付し

コンテストの周知を図っている。

インターネットを活用する方法として，コンテンツ制作をする学生や一般の人々が多くアクセスすると考えられるコンテスト情報のポータルサイトへ情報を掲載した。県外からの応募の多くはこのようなサイトで情報を得ているようである。公式サイト以外にはFacebookにもページを設置し告知を行っている。開催近くには，Facebookページとの連携が可能な情報サイトなども活用し，会場への集客を図った。

本コンテストでは，毎回エントリーの際にアンケートを実施している。ここで「本コンテストを何で知ったか」聞いたところ，「学校からの紹介」「出展者，関係者からの紹介」が多かった（図7-11）。新聞やテレビなどによる周知はまだまだ弱い。佐賀県外への周知方法としては，コンテストの紹介サイトへの掲載が有効なようである。

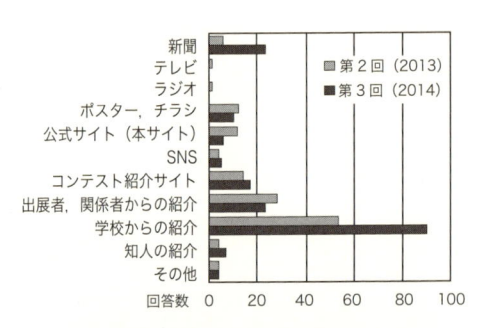

図7-11 本コンテストを何で知ったか

また，毎回，コンテストの実施報告書を作成し，実績として残している。この報告書は，次年度のコンテスト開催の周知や展開のための資料として活用している（図7-12）。

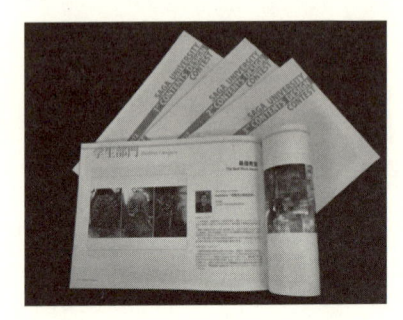

図7-12 コンテストの報告書

7.3 コンテスト実施と大学教育

本コンテストを実施して大学教育にどのような効果をもたらすか振り返っ

てみた[11]。企画段階からコンテスト実施まで関わった者で，話し合うことなく，「コンテストと教育の関係」について感じたことを各自10項目程度ずつ出し合った。70以上の項目が集まった。主な意見は次の通りであった。

- 新しい美術コンテンツへの挑戦，目覚め
- 他者のプレゼンに影響されて自身のプレゼン技術のレベルアップ
- 多くの作品を鑑賞し評価することによる批評能力の向上
- 自己満足的視点の作品から一般視聴者を意識した客観的作品へ
- これまで学習した知識・スキルの取捨選択
- 他大学の学生や社会人との交流による見識の獲得
- 審査員やコンテンツ制作関係者からの助言や指導による向上心
- コンテンツ制作や技術習得への意欲の刺激
- プロの作品や経験談，制作方法を聞く良い機会
- 全国から応募された作品を見ることによる技術レベルの認知
- 様々なクリエーターとの交流
- 今後の制作活動や就職時に活かされる第三者からの作品評価
- プロの評価を得る貴重な体験
- 学内外の人との交渉を経験することによる就業力の向上
- イベント運営の経験
- 著作権についての認識
- 大学と地域を結ぶイベントの役割，情報の配信，など

これらの項目を4つのカテゴリー「アクティブ・ラーニング」「作品制作意欲」「就業力養成」「その他」に分類した結果を図7-13に示す。

カテゴリーの詳細は，以下の通り。

(1) アクティブ・ラーニング：コミュニケーション能力，プレゼンテーション能力，評価能力，

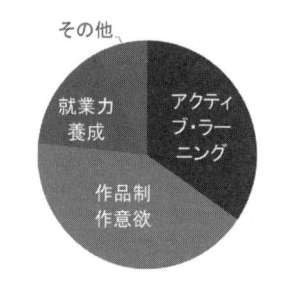

図7-13 コンテストが教育にもたらす効果

鑑賞能力，批判能力，広い視野や新分野への目覚めなど，大学教育全般が目指している能動的学修，主体的学びに関係する要因

(2) 作品制作意欲：コンテストはICTを活用して制作した作品の展示会とコンテストであり，ICTを活用した作品制作でその達成感を味わう一方，多くの作品を見て触発され，また第三者評価を受けて最新技術の利用への向上心が芽生える

(3) 就業力養成：将来，専門家としてクリエーターへの志望が強くなる場合も含め，各学部の専門に付加して高度情報化社会のニーズに対応できるキャリア教育としての役目を果たすことも可能

(4) その他：著作権，産業及び地域連携など，社会人になれば直面する事柄にも触れる絶好の機会

コンテストの会場である佐賀大学美術館は，「美術・工芸に関する作品を展示・収集・保管し，広く地域の方々の観覧に供するとともに，これに関する教育及び研究に資することにより，芸術及び文化の振興を図る」ことを目的としている。

コンテストは，佐賀大学美術館の意に合致したものである。古典的な美術・工芸はこれまで長い歴史があり，決して粗雑にするものではないが，高度情報化社会に突入した現代社会において，ICTスキル（ローテクもハイテクも）を駆使した作品は新しい分野の美術・工芸として重要な役割を果たすことは間違いない。佐賀大学の学生らが，各学部で専門の勉学に励みながらも，佐賀大学が他大学に先駆けて提供している「デジタル表現技術力」を修得して，グローバル社会で大いに活躍するための糧にして欲しいものである。

7.4 振り返りと今後に向けて

コンテストについて，これまでの実績から今後の展開や大学教育における教育的効果等を考察した。第1回においては63作品，第2回では137作品，第3回では152作品のエントリーがあった。様々なジャンルの意欲的な作品が集まった。コンテストのエントリー数は回を重ねるごとに増えていることか

ら，近隣の地域も含め，認知度は徐々に向上していると考えられる。しかしながら，部門ごとのエントリー数をみると高校生部門の応募が極端に少ない。これまでにも高等学校の夏季休暇期間や1年間の活動スケジュールなどを考慮した告知時期の見直しやチラシの送付先の見直しなど，試行錯誤を重ねているが結果に繋がっていない。原因の一つに，NHK杯全国高校放送コンテストに応募した作品は，他のコンテストに応募できない規定[12]などがあげられるようである。今後も検討が必要である。

コンテスト実施が大学教育へ及ぼす効果を振り返ってみると，コンテストは単なるICT作品の展示や評価に留まらず，能動的・主体的学修の場を推進するものであり，コンテストの実施が大学教育にもたらす効果は非常に大きいことが明確になった。本コンテストの2次審査では，コミュニケーション能力や就業力の獲得などの教育的配慮からプレゼンテーションを課していることが特徴である。コンテストは，作品の評価や展示に留まらず，今日，大学教育において必要とされている能動的・主体的学びや，就業力に欠かせないICTスキルの向上につながる。

交流会などでは，審査員と受賞者が入り混じり，アドバイスや意見交換などの交流を行う様子が見られる。これまで，受賞した作品の応募者や審査員などの関係者の方々と継続的な連携をとることにより，コンテストの認知度のさらなる向上や新たな取組への展開が期待される。つまり，本コンテストは様々な世代や地域のクリエーターを結ぶ契機にもなり得るものであり，コミュニケーションの場としても地域社会へ及ぼす効果がある。

今後は近隣地域からの応募の恒例化を図るとともに，全国へも本コンテストが周知されるように効果的な宣伝を行っていきたい。その結果として，エントリー数が増え，コンテストの作品のレベルが向上し，コンテストがますます発展していくことを期待したい。本コンテストは継続することに意義があるし，主催者としての責任も大いに感じる。作品の公募や集客など，広報活動も大きな課題であるが，これらの課題を一つずつクリアし，今後ともコンテストをより良いものに育てていきたい。なお，第4回は佐賀大学美術館に於いて，

2015年11月25日（水）〜29日（日）に開催することにしている。
　最後に，コンテストに作品をエントリーしていただいた皆様，コンテストの開催に向けて企画・準備・運営にご協力を頂いた関係者の皆様，コンテストの開催にあたりご協賛・ご後援を賜りました皆様に深く感謝の意を表す。

引用・参考文献資料
1) 佐賀大学コンテンツデザインコンテスト：http://net.pd.saga-u.ac.jp/scdc/（2015/11/26 アクセス）
2) 佐賀大学地域環境コンテンツデザイン研究所：http://net.pd.saga-u.ac.jp/supla-con/（2015/11/26 アクセス）
3) 佐賀大学 e ラーニングスタジオ：http://net.pd.saga-u.ac.jp/e-learning/（2015/11/26 アクセス）
4) 穂屋下 茂，角 和博：大学 e ラーニングの経営戦略 〜成功の条件，吉田文，田口真奈美，中原淳編著，東京電機大学出版局（2005），pp.95-128.
5) デジタル表現技術者養成プログラム：http://net.pd.saga-u.ac.jp/digi-pre/（2015/11/26 アクセス）
6) 古賀崇朗，中村隆敏，藤井俊子，髙﨑光浩，角 和博，河道 威，永溪晃二，久家淳子，時井由花，田代雅美，米満 潔，田口知子，穂屋下 茂：就業力を育むデジタル表現技術者養成プログラムの実践，全学教育機構紀要，佐賀大学全学教育機構，創刊号（2013/7），pp.13-22.
7) 佐賀大学プロジェクト研究所：http://www.saga-u.ac.jp/kokusai/supla_1.html（2015/11/26 アクセス）
8) ICCC 2014 http://iccc2012.koreacontents.or.kr/（2015/1/23 アクセス）
9) KoCon（Korea Contents Association）：http://eng.koreacontents.or.kr/（2015/1/23 アクセス）
10) KISTI（Korea Institute of Science and Technology Information）：http://en.kisti.re.kr/（2015/1/23 アクセス）
11) 穂屋下 茂，米満 潔，田口知子，河道 威，古賀崇朗，永溪晃二，田代雅美，中村隆敏，髙﨑光浩，角 和博：主体的学びを育む佐賀大学コンテンツデザインコンテストの開催，全学教育機構紀要，佐賀大学全学教育機構，第 3 号（2015），pp.43-53.
12) NHK 杯全国高校放送コンテスト開催要項：http://www.nhk-sc.or.jp/kyoiku/ncon/ncon_h/youkou.html（2015/11/26 アクセス）

第8章　社会への接続

8.1　市民映画制作

8.1.1　シネリテラシーとは

　シネリテラシーとは，映画を論理的に読み解き，映画を創ることで獲得する能力のことをいう。映画を教育の現場に本格的に取り込み，映像を深く読み解き映画を制作する過程を通じて，受講者に体験学修をさせながら豊かな教育成果をもたらしている[1)-4)]。映画制作を通して他者理解や学修への積極的な態度の育成を目指している。また，それを教師のみでなく保護者や地域が積極的に支えていることが特徴にもなっている。

　シネリテラシーの実践は，オーストラリアのニューサウスウェルズ州の教育者らが2001年に始めた実践的な教育である。この実践は日本でも取り入られ，2008年に川崎市の中之島小学校，川崎県立相武台高校において日本映画学校のサポートにより実践された。

　映像を読み解く能力と共に実際に集団で映画を制作することで，協働学習としての属性を持つことが可能になる。このことは，共同作業による人間教育，コミュニケーション能力の育成や学修意欲の向上をもたらしている。

　本プログラムでの実践では，シネリテラシーを大学の教育課程外におけるインフォーマル学修やキャリア教育としてとらえ，映像関連に興味を持つ学生と市民の協働による映画制作を行った。企画から技術セミナー，撮影，編集，上映，配給と，学生らが映画制作において問題解決を行いながらどのようにシネリテラシーを獲得したのか観察結果を基に考察する。

8.1.2 本実践とシネリテラシー

(1) Reading the Screen

シネリテラシーには大きく分けて2つのリテラシーが存在する。映画を鑑賞させ作品が意味していることを読み解くこと,「Reading the Screen」が前提となる。

ここでは,映画を読み解く方法を「5つの要素」として提示する。

①美術（Art & Design）

美術設定,装飾,小道具,衣装など

②撮影（Camera）

画面構成,フォーカス,ズーミング,手持ち,固定,アングル,ポジション,サイズなど

③演技者（Actors）

配役,容姿,性別,性格など

④録音（Sound）

台詞,BGM,主題曲,効果音,無音など

⑤編集（Editing）

場面構成,映像効果,カット,テンポなど

これらの要素は映像言語とその技術背景を理解することで映画を情緒的に体験する受動的な見方から,映画の構造を見渡すことができる理性的で能動的なリテラシーを備えることを目的とする。

(2) Writing the Screen

集団で映画を制作し,発表するという長期プログラムの中で,学修者らに通常の授業では経験できない深い学び「Writing the Screen」が形成される。本実践において監督や撮影,編集など映画制作に関わる役割を与えることにより誰もが特有の高揚感を持つ。自然と協調関係が築かれコミュニケーション力が育まれる。

ここでは市民映画制作プログラムで学ぶ項目を列挙する。

①協調性，コミュニケーション力

物品を借りる，場所を借りる，約束をとりつける等，あらゆる場面における交渉力やチーム内で役割分担を行う協調性やコミュニケーション力が持てる。

②計画性

企画から上映までの大まかな日程を計画し，活動時間内のタイムテーブルをつくり，効率のよい制作スケジュールを考えることができる。

③自己理解・他者理解

自分の感受性，嗜好，考え方などを客観的に捉え，他者の感受性，嗜好，考え方を客観的に捉えることができる。

④話す，聞く，書く，読む力

台本を執筆する，対象者に取材をする，台本のセリフを言う，周りの人の話を聞く力をつけることができる。

⑤表現力

絵コンテを描く，構成・編集をする，演技をする，それらを演出することができる。

⑥課題，問題解決力

活動の段階で発生するトラブルや問題点に積極的に対処する力をつけることができる。

⑦忍耐力，責任感

作品完成，上映までに自分の役割を全うする忍耐力や責任感を持つことができる。

⑧ICT機器活用能力

撮影用ビデオカメラ，編集用PC，ネット等映画制作に必要な情報機器を道具として有効に使えるICT機器活用能力を持つことができる。

8.1.3 実践概要

(1) 実行委員会の設立

佐賀県内大学生，若手の映画自主制作作家からなるオープンシネマコンソー

シアムという映画制作実行委員会を設立した。企画会議を行い，監督，撮影，編集，役者毎に役割を分担した。また，サポート組織として，佐賀県内の大学から成る大学コンソーシアム佐賀や佐賀県フィルムコミッション，佐賀市，まちづくりNPO等に協力を依頼した。

(2) プロットとシナリオの検討

　映画はナラティブなコンテンツであり，物語性を重要とする。そのため，全体のプロットと配役を検討しシナリオを作成する。当初は若者中心のネガティブなプロットが多かったが，市民映画という観客層を視野に入れ，徐々にテーマが決まっていった。その間，指導者は軌道修正を行いながら何回も書き直しを促した（図8-1）。

　シナリオ担当の学生らは，初めて書く1時間枠の台本の困難さに直面していた。短い尺ではあまり感じないが，1時間の尺では，物語の起伏や展開などを綿密に練り上げ，それから細部を詰めていく必要がある。個人の発想では限界があり，多数の意見を取り入れることで完成を目指すことを学ぶことができた。

図8-1　シナリオ検討会議風景

(3) ロケハンと香盤表作成

　シナリオが確定した後，撮影場所の選定や許可申請の有無などを確認するロケーションハンティング（ロケハン）を行った。道路や公園，駅など公共施設は申請許可に時間がかかることも多く，渉外担当の学生らは手分けして事務手続きを行った。

　キャストが決定し撮影場所も確定すればスタッフ全員の情報共有の基となる香盤表を作成する。香盤表は撮影スケジュールや進行表のことを指す。撮影に必要な項目，「集合時間」「撮影場所」「撮影内容」「出演者」「衣装」「小道具」

「必要な機材」「音声の有無」「車両の有無」「その他（注意事項など）」を書き込んでいく。

　この表を共有することで効率の良い撮影計画が組め，内容の把握等が可能となる。担当の学生は大学生の空き時間だけではなく，社会人にも合わせるため綿密な計画を必要とされた。

(4) 映画制作セミナーの開催

　本実践では，制作と同時に映画をつくる能力の技能育成のために専門家によるセミナーを行った（図8-2）。講師はテレビ局のディレクター，メディア教育実践の高校教諭，プロの照明技師，音響技師である。

　内容は映画製作の心構え，企画・構成，演出方法，編集技術，照明技術，音響技術等広範囲に及んだ。映画制作において撮影技術はカメラ操作，照明操作，音声収録が重要となる。家庭用ビデオカメラと違い，業務用ビデオカメラはマニュアル操作が必須であり，露出，フォーカスなど光学的な知識，レイアウト，アングルなど映像文法的な知識に加え，スイッチ類の操作理解が必要となる。また，照明に関しては三灯ライティングの基礎，レフ板の使用法，屋外での光の遮断法など現場に応じた活用判断が重要である。さらに，映画のアマチュア制作ではあまり意識しない音声収録に関してもプロの機材を用いながら集音マイクの特性，フィールドミキサーの使用法，カメラマンとの連携術など実践的な内容のセミナーを行った。

図 8-2　照明・音響セミナー風景

(5) 撮影，編集と完成作品の上映，配給

　実際の撮影に入るまでにシナリオや香盤表作成等準備期間に3ヶ月を費やした。撮影は夏季休業中を中心に行いセミナーを受講した成果もあり，ほぼス

ケジュール通りに終了した．作品の撮影素材ビデオテープは 100 本程度であった．これを約 50 分の作品に編集した（図 8-3）．

撮影フォーマットは HD であり，このような長尺の編集を行う場合は編集機器の PC において高い処理能力を要求される．今回は Apple 社の MacPro を中心に編集を行い HD のマスターを作成し，配布メディアは DVD のため，解像度を SD にダウンコンバートした．DVD は関係者と教育機関，マスコミ等に無償配布し，なるべく上映会を開いてもらうよう依頼した．完成上映会は実行委員会が企画し，生涯学習センターのホールで行った．出演した市民や関係者が詰めかけ，ほぼ席が満席になり学生らの労をねぎらった．

図 8-3　撮影風景

8.1.4　実践結果と考察

以下では，実践研究の結果を筆者の活動における観察を基にして定性的に考察する．

(1) 市民映画という新しい実践領域

本実践では，商業映画のワークフローを参考にして集団作業で行うことを前提とした．市民映画という領域はポピュラーではないが，世代や業種を超えて大学と周辺地域の人々が映画制作という協働事業を行うことで新しい地域振興の可能性を実証する目的もあった．

自主制作映画は，得てして同世代俳優が出演し観念的で自己完結的な作品になりがちである．今回はアマチュアではあるものの，自己満足で終わらない幅広い層の鑑賞に堪えうる長編作品を目指し，市民劇団や中心市街地の方々にスタッフ，キャスト参加を呼びかけた．映画が媒体となり，学生と市民との交流促進，顔の見える関係づくりの活発化といった側面があった．このように地域

と大学，フィルムコミッションや自治体，民間団体が共に映画を制作することで街の活性化や学生と市民の交流，観光施策等が期待できる。

　活動は，学生らが実行委員会を組織し，映画技術セミナーの開催，シナリオ作成，撮影，編集，上映までを自主的に行った。完成作品「ライウマ」は，約10ヶ月をかけて完成し，2012年3月に佐賀市の生涯学習センターで上映会を行い，満席，立ち見が出るような反響であった。そのため追加上映会を佐賀市のミニシアター劇場で行い，3月には地元の公民館でも行った（図8-4）。

　このように，学生制作の作品が地域各所で上映され，好意を持って受けいれられたことが学生にとっても地域にとっても有益であり，市民映画という新しい実践領域が今後，各地に広がっていく可能性を見て取れる。

図8-4　完成上映会を記念して

(2) インフォーマルな学修環境

　インフォーマル学修は近年，企業研修や体験学修として新たな実践知を獲得するための方策として注目されている。今回は学生と市民の協働による映画制作であった。

　シナリオ作成も撮影計画も皆で考え協議を重ねながら進めていく。市民との交渉やスケジュール管理，自己理解と他者理解等のプロセスが協調学習や問題解決能力などのコミュニケーション能力の向上になる。学外のフィールドにおいて，学生と市民との映像制作協働事業は地域づくりの学修活動であり，学士力，就業力を高める豊かな実践知の獲得と言える。

(3) 地域協働による映像人材キャリア教育

　映画はナラティブな映像構成であり，最も人々に受け入れられやすい映像表現である。近年はシネツーリズムや映画祭など映画による地域振興策が多い。シネリテラシーとして映画をつくる上でロケハンや地元の人との折衝など必ず

必要となる場面がある。今回も自治体，フィルムコミッション，まちおこしNPO団体等の協働事業として機能した。

本事業は地域活性のための映像制作人材育成を視野に入れた取組でもあり，地域や民間を巻き込みながら行う実践的な映像人材育成のためのキャリア教育協働事業として発展する可能性を持つと考えられる。

(4) 地域活性化への可能性

通常，映画を用いた地域活性化策は商業映画の撮影現場になることで観光名所をリプレイスするシネツーリズム的発想が多い。また，独自企画により映画関係ゲストを招いて行う地方映画祭も多数存在する。

今回，市民が制作に参加することで彼らは地域資源を再発見し，映画制作にかかわることで生きがいや楽しみを感じることができた。学生とともに制作した地域発の映画として，地域への愛着，帰属意識が生まれる。これらの効果を持続するには，完成した地域発の映画を地域社会のなかで上映し続けることが可能な環境整備も重要であろう。

8.1.5 まとめ

本節では映画制作の教育的意義としてシネリテラシーに着目し，実践事例として2010年度に行われた大学と地域の協働による市民映画制作プログラムをとりあげた。その結果，インフォーマルな学修環境のなかで協調性，思いやり，責任感，問題解決力，達成感等が身につき豊かな実践知が育まれた。また，映画制作という新たな学修モデルとして映像系進路を目指す学生らのためのキャリア教育になり得ることも

図8-5 ポスター「ライウマ」

分かった。

　市民映画「ライウマ」（図8-5）を作成した学生の一人は，東宝美術に入り現在劇場映画の美術担当になっている。また，別の学生は東京藝術大学映像研究科に進学し，地域を舞台にした映画による地域活性化を研究している。

　学外で様々な立場の人と共に映画を制作していくことは，社会におけるルールや対人関係を築く作法を身につける。集団で行う映画制作は全人的な総合力を必要とし，創造の喜びに満ちている。今回の経験が彼らの主体性やコミュニケーション力として学士力，就業力を高めることに繋がるだろう。市民映画制作プログラムが標準化した学修モデルになるよう今後も研究していきたい。

8.2 日韓若者映像キャンプ

2009年より日韓海峡圏における8県市道において,「日韓若者映像づくり交流キャンプ」が開催されている。これは,若者の国際交流事業であることと同時に,プロの監督や技術者のセミナーを交えた映画,映像制作を目指す学生らのための実践的なキャリア教育ともなっている。今回のプログラムから,映画制作は協働作業であり,日韓合同キャンプという宿泊体験型によるインフォーマルな学修環境のなかで豊かな実践知が育まれることが分かった。

ここでは,日韓両国の若者(主に大学生)が短期間の映画制作において,問題解決や協調しながら共同作品を完成させるというインフォーマルな学修環境で学修者らがどのように変化し,シネリテラシーを獲得したのかを観察結果と感想文等を基に考察する。

8.2.1 実践概要

日韓映像づくり若者交流キャンプは2009年に佐賀県の佐賀市富士町で2010年に済州特別自治道で行われた。日本側は佐賀県,長崎県,福岡県,山口県,韓国側は釜山広域市,全羅南道,慶尚南道,済州特別自治道から成る日韓海峡圏若者文化交流事業の一つである。本実践では主に2009年と2012年の実践をベースに記載するものとする。

(1) 企画委員の設立

県内学生,若手の映画自主制作作家からなる企画委員会を設立し,日韓両国より監督,撮影,編集,役者毎に募集した。仕事内容は映画制作のシナリオ作成,事前ロケハンによる情報収集,交流キャンプ当日のグループ支援とした。

(2) 共通シナリオの検討

企画委員は,日韓共通で理解できるような作品テーマを考えた。温泉で有名

な地区が撮影舞台であり，観光名所をテーマとした案も出たが議論が進むにつれ，日韓双方の若者が共通理解できるであろう，コミュニケーションにおけるすれ違いをテーマにした現代的なシナリオに落ち着いた（図8-6，図8-7）。

今回は時間的な制約もあることから，指導のしやすさも考え同じシナリオを用い三班で制作することにした。また，同じシナリオにより各々のチームでどのような映像ができあがるか，その差異や工夫を比べることができると考えた。

図 8-6　シナリオの検討　　　　図 8-7　共通シナリオ

(3) 事前のロケハンと SNS

交流参加者はロケハンそのものの時間がとれないため，企画員によって事前にシナリオに沿い可能性がある場所を写真やビデオに納め日韓双方の参加者に共有させた。その際コミュニケーションツールとして用いたのが Facebook である。国内 SNS は日本語のみ対応であり，日本語，英語，韓国語に対応できる Facebook を用いることにした。シナリオも事前に韓国語に翻訳し確認をしてもらった。今回，SNS（Facebook）による事前の情報共有として意見交換も SNS で事前に行った。意見交換はシナリオの内容に関することなど事前に共通理解できるような話題があがり，交流のモチベーションや意識付けに有効であった。

(4) 混合チーム編成と通訳ボランティア

日韓双方でチームを組む際，単なる交流ではなく作品を協力して完成させることが必要であり，国ごとのチーム編成か混合編成の2案があった。日本側

の参加者は佐賀，長崎，福岡，山口から参加しており，初対面の者ばかりである。それならば，国を超えて全員を混合させることが国際交流として重要ではないかと考えた。言葉の問題は確かに存在するが，1チームに通訳ボランティアを配置することにした。日本側の自治体に在籍する韓国担当の国際交流員にチームの通訳として参加してもらった（図8-8）。

　ただ，映画制作という専門性もあり議論が白熱してくると，うまく伝えることができず途方にくれる場面もあった。伝えたいことが言葉で表現できないことほどもどかしいものはない。通訳ボランティアも韓国からの留学生や韓国語を学ぶ日本の学生である。彼ら彼女らにとっても，映画をつくる過程で必要に迫られ，必死になって皆が何かを伝えようとする現場の体験そのものが重要ではなかったかと思えた。チームによっては，日本語，英語，韓国語が飛び交い，ボディランゲージや筆談も交えながらコミュニケーションを取る姿が見られた（図8-8，図8-9）。

図8-8　混合チーム編成　　　図8-9　コミュニケーション

(5) 制作講習会

　本実践では，制作と同時にシネリテラシーで重要となる「Writing the Screen」つまり映画をつくる能力の技能育成のために専門家によるセミナーを行った。

　映画制作において撮影技術はカメラ操作，照明操作，音声収録が重要となる。家庭用ビデオカメラと違い，業務用ビデオカメラはマニュアル操作が必須であ

り，露出，ピントなど光学的な知識，レイアウト，アングルなど映像文法的な知識に加え，スイッチ類の操作理解が必要となる。また，照明に関しては三灯ライティングの基礎，レフ板の使用法，屋外での光の遮断法など現場に応じた活用判断が重要である。さらに，映画のアマチュア制作ではあまり意識しない音声収録に関してもプロの機材を用いながら集音マイクの特性，フィールドミキサーの使用法，カメラマンとの連携術など実践的な内容のセミナーを行った（図8-10，図8-11）。

図8-10　照明講習会　　　　　図8-11　撮影講習会

8.2.2　実践結果と考察

　ここでは，実践研究の結果を筆者の活動における観察と日本側参加学生の感想文により考察する。

(1) 実践後の感想文
◇学生A
　映画を作るうえで，日本人と韓国人の映画の作り方の違いや，感性の違いなどもありました。しかし，お互いに言葉を交わし，徹底的に意見を交換しあうことで，今回どの班も素晴らしい作品ができたのだろうと思います。映画の作り方など勉強すること，見習うことなど多々あり，自分自身のスキルアップそして，人とコミュニケーションをとることの大切さを学びました。また私自身の価値観も変わりました（図8-12，図8-13）。

図 8-12　撮影風景 1

図 8-13　撮影風景 2

◇学生 B
　僕は撮影と音声の担当でした．キャンプ 2 日目の撮影は，お互いの意思の疎通がうまくいかず，機材や考え方の問題などでなかなかうまくいきませんでした．しかし，時間が経つにつれて意思の疎通などの問題はだんだんと解消され，3 日目の撮影では，悪天候などの問題こそはありましたが，チームワークとモ・ジウン監督のアドバイスもあり，なんとか一通り撮影は終了しました．3 日目の夜から 4 日目の作業はほとんどが編集担当の仕事でしたが，このチームで作品を作るのは最初で最後だと思い，深夜の編集作業にもなるべく同席することを心がけました．編集がすべて終わったのは，5 日目の上映日の朝でした．素材の少ないなかで，少しでも作品をよくしようと夜通しで努力してくれた編集担当と監督たちには本当に感謝しています（図 8-14, 図 8-15）．

図 8-14　編集風景 1

図 8-15　編集風景 2

◇学生C

　短期間で撮影しなければならなかったため，撮影中は時間が限られているという事もあり，気が急ぎ，場の空気が少し重くなることもありました。しかし，そんなときに誰かが冗談を言って笑いをとったり，英語，韓国語，日本語を使って積極的にコミュニケーションをとろうとしたりしました。その姿勢から学ぶことが多く，今後どんな環境においても，その場を和やかに，参加者誰もが居心地が良いと感じられる場になるよう行動できる人になりたいと思いました。そして，今回のキャンプの参加者，特に同じ班のメンバーの姿勢からそのコツをたくさん学ぶことができたと感じています。キャンプを通して，本当に貴重なものを得ることができたと，心から思っています。キャンプが終わってはや1カ月以上が経ちましたが，キャンプで出会った友達と未だにチャットやメールで連絡をとりあっています。ただ日韓交流というよりも，今回のキャンプのようにみんなで1つのものを真剣に作り上げていくという活動は，交流をより深いものにしてくれると実感しました。みんなで何かを作り上げるにはメンバー一人ひとりの意見が必要で，本音で意見を交わすという場が今回のキャンプにはあったように思います。

◇学生D

　私は，今回，日韓交流の映像制作キャンプに参加して，言語が異なる人同士が，共に同じ活動を行うのは非常に難しい事だと感じました。特に，映像制作の場合，日本人同士であっても，意見のくい違いや，衝突があるものです。今回の活動でも，なかなか上手く意図が伝わらなかったり，互いに思い通りにいかなかったりと，様々な問題がありました。しかし，それでも，同じ目標を持ち，共に伝えよう，または理解しようという気持ちがあれば，一緒に作品を作り上げることは決して不可能ではないのだということを学びました。今回，私は，助監督をさせて頂きましたが，制作の進め方や演出の工夫，新たなものの見方など，とても勉強になりました。私は，普段から映像制作に携わっていますが，今回参加することで，技術だけでなく，演出や計画の立て方，映像制作

における考え方の幅を広げることができたと思います。

◇学生E
　私の担当はカメラアシスタントをすることになったのですが，ライン担当がいないということで撮影中はライン担当もしました。ただラインを持っていたらいいと甘く考えていたのですが，マイクに合わせてラインを延ばしたり引っ張ったりしなければなりません。そして，マイク担当は韓国人だったのでそのコミュニケーションだけでも大変です。そこで，彼は私に「one は延ばす，two は引っ張る」という合図を提案してくれました。そのおかげでうまくコミュニケーションがとれました。他にも，ラインの事について教えてくれたり，マイクの仕事を体験させてくれたり，お兄さんのようでした。撮影が終わらないんじゃないかとパリパリ（早く早く）という韓国人と，まだ大丈夫だからもっといい映像がほしいという日本人監督とで，国民性を感じました。日が沈む前に撮影はおわり，チームのみんなで木の下で記念撮影をしました。最終日の朝は韓国人側とお別れで，本当に寂しかったのですが，また会えると信じています。そして，このキャンプに参加したメンバーでまた映画をつくりたいです。

(2) インフォーマルな学修環境
　今回は日本と韓国の若者が参加し，多文化に対する考え方や行動様式の違いに悩む場面もあったが，国や文化が違っても，映画制作という共通目的があったことでそれを補填し，解決に導くことができた。このことは，多言語，キャンプ形式という非日常的な環境の中で映画制作という，活動目的を明確にした集団作業におけるインフォーマルな学修環境が生成されたと言えないだろうか。インフォーマル学修は近年，企業研修や体験学修として新たな実践知を獲得するための方策として注目されている。映画を制作することはシネリテラシーが実践知を育むと考えられるが，本実践が国際交流，キャンプ形式というインフォーマルな学修環境として与えられたことで，より強固な実践知育成に繋がったことが見て取れよう。

(3) 映画制作と集中的フロー体験

フロー体験とは，ミハイル・チクセントミハイ（Michael Csikszentmihaly）によって名付けられ，ある活動が適度な挑戦のレベルを与え，活動を行う者がその挑戦に対して適度なスキルを持っている時に生じる，意識の集中と没入感を感じる経験である。達成できる見通しのある課題と取り組み，明瞭な目標があり集中できる環境において直接的なフィードバックがある場合にフローという概念が学修活動と結び付く。

宿泊体験，多文化理解，インフォーマルな学修環境は映画制作という明確な目標を持つことで自分のスキルを最大限に生かし，神経を研ぎすまし他者を理解することができた。これは，通常の学修ではできない経験である。今回の映画制作プログラムにおいて，学修活動は自己の成長であり，学修環境によって生じる集中的なフロー体験に基づくものであることも理解できた。

(4) 交流メディアとしての映画制作

今回は，国際交流を目的にするための映画制作の側面と映画制作が交流を促し濃密にした側面が考えられる。他のメディアであればここまで深い交流にはなり得なかっただろう。それは作品を作り上げるという共通目的や手段があることで障害があっても乗り越えられた結果であり，感想文に記述されているように国が違っても映画は共通語であり，映画制作は交流に対しての有効なメディアになることが分かった（図8-16, 図8-17）。

図 8-16　上映会後の解散式 1　　図 8-17　上映会後の解散式 2

(5) 地域協働による映像人材キャリア教育

　映画はナラティブな映像構成であり，最も人々に受け入れられやすい映像表現である。近年はシネツーリズムや映画祭など映画による地域振興策が多い。シネリテラシーとして映画をつくる上でロケハンや地元の人との折衝など必ず必要となる場面がある。今回も自治体，フィルムコミッション，映画祭実行団体，大学などの協働事業として機能した。本事業は日韓双方とも地域活性のための映像制作人材育成を視野に入れた取組でもあり，地域や民間を巻き込みながら行う実践的な映像人材育成のためのキャリア教育協働事業として発展する可能性を持つと考えられる。

8.2.3　まとめ

　本節では映画制作の教育的意義としてシネリテラシーに着目し，実践事例として2009年度から開始された日韓映像づくり若者交流キャンプをとりあげた。その結果，インフォーマルな学修環境のなかで豊かな実践知が育まれることが分かった。また，映画制作という新たな学修モデルとして映像制作を目指す学生らのためキャリア教育になり得ることも分かった。交流自体が目的ではなく映画を作りたい若者が集い，結果として深い国際交流ができあがった。上映会後の解散式では感激のあまり涙を流す者もいた。映画を作ることは全人的な学びであり，創造の喜びに満ちている。彼らの経験が次のステップに繋がるような仕組みを今後も研究していきたい。

引用・参考文献資料

1) 長島一由：フィルムコミッションガイド　映画・映像によるまちづくり，WAVE出版，2007.
2) 内山 隆，菅谷 実，中村 清：映像コンテンツ産業とフィルム政策，丸善出版，2009.
3) 日本映画学校：映像文化の未来を考えるシネリテラシー，早美出版社，2009.
4) 柳沼宏寿：映像メディアによる表現の教育的意義と方法論に関する一考察　シネリテラシーの取り組みを手がかりとして，美術科教育学会誌，第31号 (2010)，pp.391-400.

第9章 デザイン思考 −新たな展開の芽−

　筆者は，後述するデザイン思考プログラムを立ち上げ，デジタル表現技術者養成プログラムが蓄積してきた様々な資源による相乗効果を享受しつつ，国際・産学・地域・学際連携によるイノベーション人材の育成と地方型イノベーション創出エコシステムの構築に取り組む「場」のデザイン・マネジメント（facilitation）を重ねている。これら独立した沿革を持つ2つのプログラムが，現在，大小様々な問題意識を，また，価値観を広く共有しているのは何故か。

　本章では，新たな展開の芽として，デザイン思考プログラムを紹介する。異なる角度から照射することで，パラダイムシフトと称される現代社会において新たな価値共創に挑戦するクリエイティブ人材育成の意義について，また，地域イノベーションにおける大学の役割について，考察を深める一助になれば幸いである。

9.1 デザイン思考

9.1.1 デザイン思考とは

　デザイン思考とは，人を中心に据え（Human Centered Design），共感（洞察）・課題定義・創造・プロトタイプ・検証の各プロセスを迅速に往復・循環することにより社会に新たな価値を創造し届ける方法論である[1]。

　各プロセスが人間中心の価値軸に進められる点，共感（洞察）が重視される点，「思考」に身体性の知が多分に関与する点，多様な関係者の集合知の相互作用による共創を基礎とする点に特徴がある（図9-1）。

　多様な集合知によるイノベーション共創の方法論であることからオープンイノベーションとの親和性が高く，分野・組織・地域・産官学等の既存の壁を越えた

連携により複雑な要素を内包する社会課題の解決を目指す方法論として，2010年代以降，先進国・新興国・途上国，営利・非営利，事業規模を問わず広く急速にその導入が進められている。

我が国の政策においても，単にイノベーション人材育成施策にとどまらず，COI STREAM (Center of Innovation Science and Technology based Radical Innovation and Entrepreneurship Program, 文部科学省) に始まる産学連携手法の転換[3]，EDGE (Enhancing Developing of Global Entrepreneurship, 文部科学省)[4]等によるイノベーションエコシステム構築のソフト基盤として，大学におけるデザイン思考の導入・定着が推進されている。

```
Focus on Human Values
人々の価値観に焦点を当てる
Show, Don't Tell
言うのではなく見せる
Radical Collaboration
徹底的な協働
Be Mindful of Process
プロセスに注意
Embrace Experimentation
素早く形にする
Bias Toward Action
行動第一
Craft Clarify
明快な仕事
```

図9-1　d.mindsets
デザイン思考の基本姿勢[2]

9.1.2 デザイン思考隆興の背景

デザイン思考の国際的隆興の背景には，工業化社会からのパラダイムシフトがある。社会の情報化・グローバル化が，市場のニーズの多様化，サイクルの短期化，生産のモジュール化を加速した結果，我が国において長く「技術革新」と解されてきた「イノベーション」は，「経済活動の中で生産手段や資源，労働力などをそれまでとは異なる仕方で新結合すること[5]」という本来の語義を名実ともに回復しつつある。イノベーションは，新たな価値創出モデルのデザインとその実践のサイクルに他ならず，技術革新はその構成要素の1つと位置付けられ，デザイン手法による学際的アプローチの重要性が注目を集めている。

この「イノベーション」の変容に伴い，社会で求められるイノベーション人材像も大きく変容しつつある。従来の「設定された技術的課題の解決能力を備えた人材」に代わり，「顕在化していない学際的課題を発見・定義し，多様な関係者とともに創造的課題解決に導く0から1を生み出すデザイン力を備えた人材」が，現代社会において産業競争力の根源を握る人材としてより強く求め

られることとなった。同時に，このイノベーションの要諦ともいえる「0から1を生み出す」創造的なプロセスは，大学・産業界いずれにおいても十分に組織的教育がなされておらず，従来専ら個人の領域に委ねられてきた[6]という危機感とさえいえる問題意識が共有されつつある。

9.1.3 デザイン思考プロセスの特徴と共創

　産学・地域連携を含む組織間連携や国際・学際連携等，異なる背景を持つ個人・集団・組織間での共創は，新たな知の結合，すなわち，イノベーションに不可欠な要素であるとされる。しかし，異なる背景を持つ個人・組織による共創の実現は，従来行われてきたような単なる交流の場の設定やコーディネイトといった手法では困難であることが過去の実績から明らかになっており，新たな方法論への転換が求められている[3]。各個人・集団・組織の主体性を維持した共創には，各属性のインターフェースにおいて，創造ベクトルを伴って媒介するコミュニケーションが不可欠であり，そのための「共通言語」の共有および，多様性を包含する共創デザインプロセスの運用が鍵となる。

　筆者は，日本型イノベーションプロセスについて野中ら[7]が理論化した知識創造論とデザイン思考の親和性に着目し，中小零細事業者間での産学・地域連携に適した地方型イノベーション創出メカニズムとして，デザイン思考を介した「場」の設計・マネジメント（facilitation）を重ねている。国内外の営利・非営利組織のイノベーション共創や地域づくりへのデザイン思考の導入・適用を重ねる過程で，デザイン思考の主たる機能「課題発見・課題定義・課題解決案のデザイン・試行検証」に加え，いわば副次的機能ともいえる「デザインされた解決案」の具現化を促すデザイン思考のバウンダリー・オブジェクト性を確認した。

　筆者は，これらデザイン思考プロセスの副次的機能と「場」のデザイン・マネジメントとの関係に着目し，次節以降に詳述するデザイン思考のバウンダリー・オブジェクト性（図9-2）を活用した地方型イノベーション共創エコシステム（図9-3）をモデル化および構築し，社会において0→1を共創する人材の教育（アン

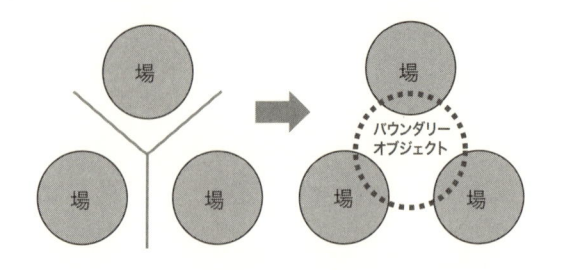

図 9-2　バウンダリー・オブジェクト

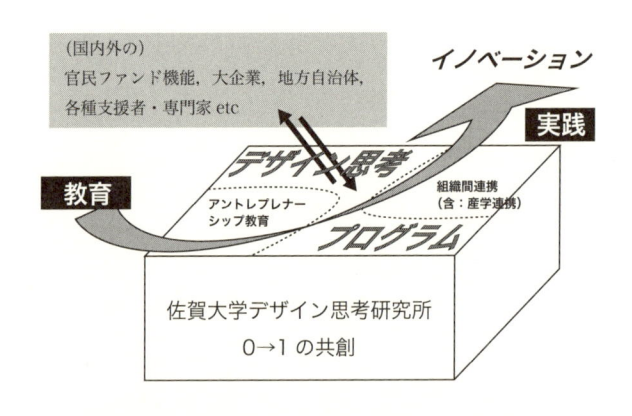

図 9-3　地方型イノベーション共創エコシステム

トレプレナーシッププログラム）および実践（イノベーション共創）に取り組んでいる。

9.2　教育：アントレプレナーシッププログラム

9.2.1　佐賀大学全学教育機構インターフェース科目

　佐賀大学インターフェース科目では，「現代社会が抱える諸問題に目を向けて課題を発見し解決に取り組む姿勢を養い，社会に対応するための知識・技術・技能や生きるための力を身に付けることにより，学士課程教育で得た知識・技能を社会において十分に活かし，将来にわたり個人と社会との持続的発展を支

える力を培う」[9]ことを目標に,「講義だけでなく,演習,調査,報告あるいは対話などを組み合わせたアクティブ・ラーニングを志向した教育」が求められる。学生は20を超えるプログラムの中から必修科目としていずれかのプログラムを選択し履修する。各プログラムは,原則,全学の2・3年次の学生を対象とし,Ⅰ～Ⅳの2年間4科目により構成される。

アントレプレナーシッププログラムは,佐賀大学全学教育機構インターフェース科目の1つとして位置付けられ,上の趣旨に合致するよう,育成人材像・プログラム構造・評価等について,次節で示すプログラムを設計した。

9.2.2 アントレプレナーシッププログラムの概要
(1) 育成人材像

起業家に限らず,社会のあらゆる分野でアントレプレナーシップ(起業家精神)を備え発揮できる人材,すなわち,自らのキャリアにおいて,積極的に新たな価値創造に挑戦するイノベーション人材を育成する。

具体的には,国際汎用手法であるデザイン思考を採用し,全期2年間を通じて,「価値を創出し・届け・回収する」方法論・スキルを実践的に学び,自立と連携,地域と国際,クリエイティブとマネジメントの調和を実践的に修得した,地方国立大学ならではのグローカル*・リーダー人材の育成を目指す。

(2) 佐賀大学学士力

アントレプレナーシッププログラムでは,以下の佐賀大学学士[10]を設定している。

学士力2.課題発見・解決能力
　(1) 現代的課題を見出し,解決の方法を探る能力
　(3) 課題解決につながる協調性と指導力
学士力3.個人と社会の持続的発展を支える力

＊グローバル (Global) とローカル (local) を掛け合わせた造語。ここでは,国際的視点を持って地域で行動する,あるいは,地域の視点を持って国際的に行動するの意。

(1) 多様な文化と価値観を理解し共生に向かう力
(2) 持続的な学習力と社会への参画力
(3) 高い倫理観と社会的責任感

　アントレプレナーシップⅠでは，主体的情報収集により多様な価値観に触れ，自らの社会観とキャリア指針を模索することで学士力3を，アントレプレナーシップⅡ～Ⅳでは，産学・地域・国際連携プロジェクトを通じて前述のデザイン思考プロセスおよびデザイン思考の基本姿勢 d.mindsets（図9-1参照）を実践することにより学士力2および学士力3の修得を目指す。

(3) アントレプレナーシッププログラムの構造

　アントレプレナーシッププログラムⅠ～Ⅳは，以下のように体系づけられる。（　）内は，各段階で重視される社会関与形態であり，いずれも主体的に学ぶ姿勢が求められる。

　Ⅰ：社会観とキャリア指針の形成（聴く）
　Ⅱ：課題発見・アイデア創出（対話）
　Ⅲ：アイデア実現のための事業モデルデザイン（参画）
　Ⅳ：事業モデルの社会実装に向けた挑戦（協働）

　本稿で報告する国際的なデザイン思考プログラムは，アントレプレナーシップⅡと連携した取組である。

(4) ルーブリック評価の採用

　成績評価には，内田＊・Haas＊＊らが開発し，2002年から2006年にかけて鳥取環境大学で筆者らが取り組んだアクティブ・ラーニングによるグローバル人材教育で使用した評価システム[11]を基礎に調整および改善したものを採用している。

　＊　現・公立大学法人　国際教養大学（秋田）
　＊＊現・Gent University（ベルギー）

成績評価の50%を占める参画点（授業中の参画状況を点数化したもの）は，各科目で修得すべき学士力に対応する各評価項目に対して6段階の評価基準を事前に受講生に明示し，各項目の自己評点および対応する具体的な根拠事実（自らの学修行動）を受講生自身により記録させ，受講生同士のピアチェックを経て提出，最終的には教員との合意を経て各評点を確定させる．

9.2.3 日韓デザイン思考プログラム
(1) プログラム概要

学期の開始時期が1ヶ月早い韓国側は9月から，日本側は10月から12月末にかけての約3ヶ月間のデザイン思考プログラムを遠隔連携により実施した．12月末の土日祝日の3日間は，韓国のスタッフおよび学生ら約60名が来日し，旧古賀家（佐賀市重要文化財）を拠点に佐賀市中心市街地をフィールドとした国際的なデザイン思考ワークショップを開催した（図9-4）．最終日には，チームでの取組を映像にまとめ，計10チーム（教員・スタッフを含め100名超）が中心市街地にある映画館シアターシエマでの上映発表を経験した（図9-5）．

図9-4 旧古賀家内でのチーム作業　　**図9-5 映画館での映像を用いたプレゼンテーション**

9.2.2（2）で示す指定学士力育成機会の最大化，育成人材像に有益なデザイン思考という方法論の修得，また，将来的に十分な事業予算を持たない連携相手とも実施可能な国際連携教育システムの模索，といった観点から以下のようなプログラムを設計した．

(2) マイルストーン*

　デザイン思考プロセスの実践を通じてイノベーションプロセスを学び，以って指定学士力を修得するという位置付けから，受講生には各プロセスのマイルストーンとなる8つのチーム課題を予め提出期限を付して与えた．具体的には，遠隔地間コミュニケーションスキルに対応するものとして，①作成したチーム紹介動画（動画表現技術の修得）のYouTubeでの共有およびSNSを介した交流，デザイン思考プロセスに対応するものとして，②フィールド動画の作成，③観察および着眼点の設定，④インタビュー・観察動画の作成，⑤Empathy Mapの作成（図9-6），⑥Business Model Canvasの作成（図9-7），⑦プロトタイプ動画の作成，⑧テスト・Why-How Ladder・プロトタイプ動画の再作成を課した．

　最小限のデザイン思考の概念や知識は事前にガイダンスしているが，デザイン思考は主体的に繰り返し実践することにより理解・修得できるスキル・マインドセットである．②〜⑦ではデザイン思考の概念および今回のプログラムで使用するフレームワークを順に確認し，⑧で②〜⑦の一部または全部を必要に応じて繰り返した．

　⑤の対象者への洞察およびその視覚化によりチームメンバー間で対象者像を深く共有し，⑥の「価値を創出し・届け・回収する」仕組みの視覚化によりチームでの新たな価値共創デザインを可能とする．⑧のWhy-How Ladderは，対象者を中心に据えたWhy-Howの問いを繰り返すことにより，既存のアイデアへの執着から思考を解放し，より優れた課題解決案を模索するためのプロセスである．

　各課題提出時には教員とのチーム面談を必須とした．面談では，受講生の創造性・主体的な学びを促すためアイデア創出・進捗管理への教員の関与は極力避け，方法論についての指導や社会への橋渡しに関する助言，当該課題に取り組んだ期間についての参画点の評価を行った．

　なお，各課題の締切りは，日韓教員間で事前に調整し，遠隔連携によるチーム作業に支障がないよう設定した．

---

*元々は道路などに置かれた距離を表示する標識のことであるが，商品開発プロジェクトなどにおいて，物事の進捗を管理する際に目安となる節目を示す．

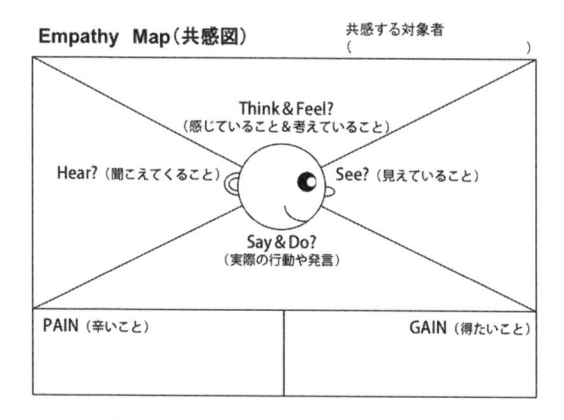

図 9-6　Empathy Map（共感図）

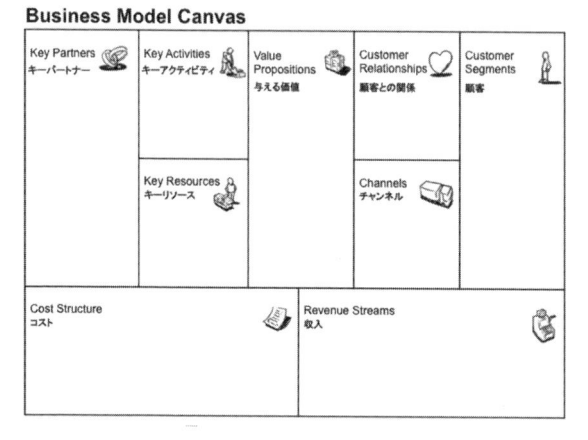

図 9-7　Business Model Canvas

(3) チーム編成

　3ヶ月間を通じて全プロセスを一貫して同じ日韓連携チームで取り組むM1〜M4チーム，②〜⑦は日本人学生のみで実施し⑧のみを日韓連携チームで取組むS1〜S4チーム，日韓連携ワークショップに参加せず①〜⑧すべて日本人学生のみで実施するW1〜W2チーム，3種10チームを構成した。学生には事前に希望のチーム種別，チームリーダーへの意欲，また，授業外グループ

学修の便宜のため，チーム作業が可能な時間帯や学修環境を問うアンケート調査を実施し，その結果を基にチームを編成した。

チームM：1チーム計7名で編成（1名の通訳者と各国3名ずつ）

チーム旧S（課題①～⑦）：1チーム計4～5名で編成（日本人のみ）

チーム新S（課題⑧）：⑦後に解散した旧Sメンバーが，各⑦に対する自由選択により1チーム計6～8名で新Sを再編成（2名以上は他国の学生とし，1名の通訳者を含む）

(4) ICT 利活用

日韓の学生たちが実際に出会ってチーム作業を行ったプロセスは⑧のみである。ビデオエスノグラフィおよび映像を採用したことにより，①～⑦については Facebook, YouTube, Skype, Google docs, LINE 等の様々な ICT サービスの活用により遠隔連携でのチーム作業を進めた。(図9-8, 図9-9)

図9-8　遠隔地間ビデオエスノグラフィ

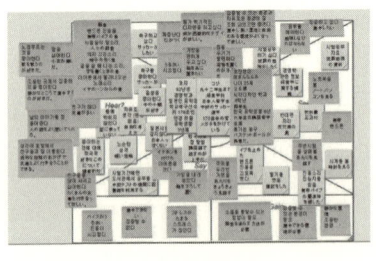

図9-9　遠隔地間共感図作成（リアルタイム）

(5) 支援スタッフ

以上の日韓デザイン思考プログラムを実施するにあたり，日本側では，撮影・映像支援スタッフ2名（大学院生），情報処理支援スタッフ2名（大学院生），語学支援スタッフ1名（韓国人留学生），庶務スタッフ1名（学部生）を配置した。語学支援スタッフが1名で足りたのは，韓国側から各チームに1名ずつ通訳（日本人留学生または日本語学科の韓国人学生）が配置されていたこと，受講生

がLINEやFacebookの自動翻訳を使用していたためである。

(6) 評価手法
チーム作業への評価

　各チーム作業に対しては，担当教員ら10名がデザイン思考の観点からの15項目について評価した。これらの評価項目は事前に学生たちに開示されており，学生たちは達成すべき学びに対して自覚的にチーム作業に取り組んだ。さらに，中心市街地活性化の観点，新規事業創出の観点，デジタル表現の観点，各分野を主導する実務家による評価を得た。ただし，チーム作業自体は，あくまでも個別学生の指定学士力育成のための題材にすぎないという位置付けから，アントレプレナーシップIIの成績へ直接には反映していない。

個別学生への評価

　個別学生に対する評価としては，9.2.2 (2) の指定学士力について各人に対するルーブリック評価をチーム面談の場で行い，あらかじめ課題ごとに公示している重み付け係数をかけて参画点を算出した。学生たちは，プログラムを通じて修得すべき学士力を事前に自覚した上でチームワークに取り組み，事後に各学士力について自らの学びを自己評価し，教員からのフィードバックを得た。

(7) 共創と知財

　新たな価値提案を表現する動画の著作権についてのオープンな取扱いのニーズと，動画の中で表現される共創されたアイデアの権利化の可能性への配慮との間の調整，また，共創されたアイデアが権利化される場合の権利の帰属と権利行使の際の取扱いについて主催者間で協議し，あらかじめ参加者の同意を得た上で実施した。出願手続きに必要な一定の秘密保持期間経過後のクリエイティブコモンズライセンス (CC BY-SA) の採用により，オープン・クローズ双方のニーズを調整した。

(8) 結果および考察

最終的に10チームいずれも全マイルストーンを達成し，空間デザイン，プロダクトデザイン，システムデザインを介した様々な新たな価値提案を共創し映像にまとめた。デザインプロセスを採用した本プログラムにおいて，学際・国際・産学連携による新たな価値の共創は実現したといえる。

本プログラムによる教育効果については，毎回のルーブリック評価の際の受講生自身による自由記述および教員の観察により指定学士力の変化を把握している。また，全受講生を対象に学期ごとに実施する内的キャリア志向指標および事業創造人材指標の計測，学外の各専門家からの視点による評価，多角的な把握に努めている。

事業創出および中心市街地活性化の専門家からは各々高評価を受け，今後のアントレプレナーシッププログラムとの連携・支援の提案を得た。各指標については現段階では十分な計測期間が得られていないため，本稿では指定学士力の観点からの報告に絞る。

○ **多様な文化と価値観を理解し共生に向かう力**（佐賀大学学士力3-1）
本項目に関連する学生達のコメントを以下に抜粋する。

> 自分が最も強く感じたのは韓国側の意見を「はい，そうですね」とただ受け止めるのではなく，受けたものを自分の意見と共生させ，新しいものへと昇華することが大切だということだ。お互いが相手の意見をくみ取り，お互いが納得するものへと作り上げていくのと同時にお互いの関係，深みが高まっているのを直に感じた。そしてそこからはプラスの循環だった。関係が深まり，またさらにレベルの高いアイデアが生まれる。ああこれが共生なんだと感じた。
>
> それぞれが経営学，経営法学，心理学専修，物理学と異なる分野の中で，もはや自身の枠組みにとらわれず活発に議論できたのは本当に良かった。

> 通常の学校生活の中では関わることが出来なかったことであろうこのメンバーとの出会いは貴重な経験である。

　本学士力は今回，受講生の言及がとりわけ厚かった項目である。これらのコメントの大半に共通してみられるのは，①「共創のプロセス」という場面であったからこそ，異なる互いの意見を前向きに捉え新たな価値へと昇華できた，②自己主張が比較的明確な傾向のある韓国の学生達とのチーム作業だったため，互いに自己主張し他者の意見を受容する過程を経て双方が納得のいく形を模索するコミュニケーション方法を学ぶ機会に恵まれた，の2点であり，デザイン思考の適用および国際連携が教育効果を高めたといえる。

○**持続的な学習力と社会への参画力**（佐賀大学学士力3-2）
本項目に関連する学生達のコメントを以下に抜粋する。

> 最終発表の観察対象が高齢者であったため，自分が普段使っている言葉でもなかなか理解してもらえず，その様な人たちに価値提案や趣旨を理解してもらうには時間がかかった。同じ内容でも，年代によって伝え方を変えなければいけないということがわかった。インタビューや交渉などの多くを担当したため，インタビュー撮影の承諾を得ることから撮影後のお礼の仕方まで，インタビューの一通りのスキル，手短にかつ分かりやすく説明するスキルを身に付けることができた。
>
> 限られた時間で提出日までに与えられている課題を済ませることが必要とされ，以下のような工夫を試みた。新しい課題を与えられた時は，すぐに提出日を確認しその提出日までにメンバーが3人ないし4人集まることのできる時間がどのくらいあるのかを確認した。そして，各作業（撮影，動画編集など）に対してどのくらい時間を割り振るべきか検討した。そうすることによって課題の中の各作業に小目標が設けられ，グループでその小

> 目標に向かって作業を行った。慣れない動画編集の作業もあったが，何度かあった提出日にほとんど課題の提出を間に合わせることができた。

　既述のとおり本プログラムでは，①～⑧すべての提出課題の締切りをあらかじめ公示している。前期アントレプレナーシップⅠでは期限内課題提出者は毎回概ね半数程度であったが，アントレプレナーシップⅡではプログラムの進行に従い，チーム内で協力して主体的にスケジュール管理に務める様子が観察された。個別学生において取り組む最終課題については，ほぼ全受講者が期限内に課題を提出した。また，学生のフィードバックからは，受講生の間に講義形式の知識伝達型ではないアクティブ・ラーニングへの困惑が当初見られたが，自ら配布資料に目を通し課題解決に活用するようになる等，「主体的な学び」に徐々に慣れ，自覚的に学びを進めている様子が観察された。チーム作業のため，図書館のグループ学習室等も頻繁に利用しており，授業時間を含めて1人平均85.4時間の学修時間を確保している。これは佐賀大学授業評価アンケート項目「予習を毎週どの程度していますか」，「復習を毎週どの程度していますか」の1時間以上帯に相当し，今回アントレプレナーシップⅡ受講者は100%達成している。前年度の同アンケート結果（主題科目）では予習は6.3-10.4%，復習は6.7-13.4%であり，学修時間の飛躍的増加といえる。学生の負担感は大きいが，2単位で求められる学修時間が90時間であることを鑑みると過剰な負荷とはいえまい。

○高い倫理観と社会的責任感（佐賀大学学士力3-3）
本項目に関連する学生達のコメントを以下に抜粋する。

> 一生懸命に互いに努力しあい，『新しいものを生み出す』ということが，こんなにも大変で労力がいるものなのだとも知った。しかし，異なった価値観や時間制限があるからこそ互いを理解するように努力を怠ることなく，楽しんで作業をすることができ，自身としても大きく成長することが

でき、結果としては今期の講義の成果に満足している。

デザイン思考に「Empathize」という過程が無ければ、年齢もかなり離れている一平の店主に対してあまり共感することなく物事が進んでいったであろう。しかし、ユーザーに共感することによってグループのメンバーひとりひとりがユーザーに親近感を持ち、またユーザーのために熟慮することができたのだと思う。「Empathize」の過程から、年や性別、国籍が違ったとしてもその人との対話などを通して共感すれば真摯に向き合うことが難しくはないということが分かった。

　本プログラムで経験する「社会での新たな価値創出」への挑戦は、社会において価値の消費側に身を置くことに慣れている多くの学生にとっては当初困惑を伴うものであった。しかし、0から1を自ら創造する苦しさに直面した際にも、あえてデザイン思考という方法論の指導により指針を与えるにとどめ、自ら乗り越えさせることで、取り組み姿勢の大きな転換がみられた。すなわち、プログラム冒頭で行われる中心市街地でのフィールドガイダンスでは、大半の受講生は傍観者として中心市街地の現状や施策に対して否定的・批判的であったが、自ら価値創出側として課題解決に取り組む過程で当事者性を獲得し、肯定的な姿勢に転換された。本プログラム終了時には中心市街地に愛着が生まれ、ほぼ全受講生から関係者への深い謝意が表されている。

〇現代的課題を見出し、解決の方法を探る能力（佐賀大学学士力2－1）
本項目に関連する学生達のコメントを以下に抜粋する。

対象者に対してどのような商品、サービスが良いのか、図書館で勉強しているという、見えている姿だけを受け止めるのではなく、勉強からも外れた広い関心、視点を向けていった。そうすることでユニークのあふれる、個性にあふれた型破りな商品へとつなげていくことができた。

> のべ20軒近くの中心市街地の方々にインタビューを行い，中心市街地の現状について聞いて回った。単に中心市街地といっても場所や運営元が違っているとその人々の声も違ってくることが分かった。

　デザイン思考自体が，課題発見・解決の仕組みをデザインする方法論であることから，本項目の学士力の向上についてはデザイン思考プロセスに対応したマイルストーンを設定し，受講生がこれらを順次踏むことで自然に達成されるよう設計した。受講生が持つ地域・社会に関する情報量は乏しく洞察力も不十分であることが多いが，マイルストーンごとの面談とプロセスの繰り返しにより改善された。

○課題解決につながる協調性と指導力（佐賀大学学士力2-3）
本項目に関連する学生達のコメントを以下に抜粋する。

> なかなか作業が進まず，険悪な雰囲気もあった。そこでひとまずEMAPをもう一度作り上げていくことで見えてくるものがあるのではないか，プロトタイプで葛藤があったときも悩むだけではなく，もう一度how, whyを行って深く見直していこうなどといったように，チームを一つの方向に持っていこうとする指導性や協調性を持って取り組めた。
>
> 初めは共同で作業する意味があるのだろうかと疑問に思ったが，一緒に活動するなかで多くの違ったアイデアや考え方も多くでて，共同で作業する意味が理解できた。

　当初はチームメンバーが集うための調整すら困難とするチームもあったが，プログラムが進むにつれ改善された。チーム作業自体については，デザイン思考のフレームワークが協働を前提として設計され，創造ベクトルを内包していることから，国際・学際的なチームメンバー間での共創も円滑に進められてい

た．チームで取り組むことで，主体的な学びの挫折を回避し，深い達成感を得ている様子が観察された．

今回のプログラムを通じて，チームでの共創案を実現させたいという積極的な希望が7件受講生から示された．また，今回フィールドとした中心市街地への関心・愛着が高まり，本プログラム参加者だけではなく広く佐賀大学の学生を中心市街地へ橋渡しする試みを検討する案も少なくない．イノベーション創出の方法論であるデザイン思考であるが，その共感プロセスにおいて対象者への理解が深まり，主体的な共創を経て提案価値への愛着が生まれ，当該課題に継続的に取り組みたいという動機の形成が確認された．デザイン思考プロセスが包含する間身体性を基礎に相互主観性が形成され，その相互主観性に基づく内発的な共創の開始が確認されたものと考えられる．

以上より，デザイン思考は本プログラムの指定学士力，すなわち，主体的な学びや共創力の修得を求めるインターフェース科目に適した方法論であるといえる．

9.3　実践：国際・産学・地域・学際連携による地域社会での0→1

9.3.1　地方における「場」のデザイン・マネジメントの必要性

当事者主導の「地域づくり」においては，経済的に持続可能な事業モデルの構築では不十分であり，多様な関係者が事業関与への動機を維持しうるモデルの構築が求められる．特に，地方においては大企業が少なく単組織が保有するリソースが限定的であるため，水平型多組織間連携による持続可能な共創を可能とする「場」のデザインおよびマネジメントの必要性が不可欠となる．換言すると，上意下達やマッチング等，所与の関係性から新たな価値を生み出そうとするのではなく，新たな価値共創のプロセスから新たな関係性を紡いでいく「場」のデザイン・マネジメントが求められる．

そこで，多組織間連携による地域に根ざしたイノベーション共創の場として

の機能を果たすことを主眼とし，教育よりも実践に重心を置いた（図9-3参照）デザイン思考プログラムも実施した。「場」のデザイン・マネジメントいずれにおいても，新たに編成されたチームのメンバー間に相互主観性が形成され，内発的かつ持続的な自立展開が生まれることを最も重視すべき達成目標と位置付けたファシリテーションを行った。

9.3.2　国際産学地域連携デザイン思考プログラム＠有田
(1) プログラムの概要

　有田の事業者（異なる性質を有する窯元3事業者と非窯業の2事業者）および有田町議会議員を各々核に据えた6チームに，地域内外のクリエーター・研究者・様々な学生・潜在顧客層としての社会人を1－2名ずつ配し，チーム自らが当事者となり実践することを前提とした新たな事業モデルを共創した。各チーム

図9-10　国籍・職業・分野の多様性

図9-11　有田焼窯元での合宿WS

図9-12　佐賀大学付属図書館でのWS

図9-13　有田商工会議所でのWS

の展開に応じて新たな参加者・海外機関・投資家・自治体職員・様々な分野の専門家や関係者を迎え，計5カ国60名前後が参画した（図9-10）。

　有田の窯元での1泊2日のキックオフワークショップ（10月），佐賀大学での中間ワークショップ（11月），有田商工会議所での検証ワークショップ（2月）と，3度のワークショップを実施した（図9-11，図9-12，図9-13）。キックオフワークショップに1ヶ月先立ちSNSを活用した「場（全体）」を開設以降オンラインでの場のファシリテーション（全体およびチーム毎），デザイン思考という方法論に関するオンライン指導，チームごとに適宜対面でのミーティングを行っている。

(2) プログラムの成果

　各チームにおける事業モデルのデザイン・仮説検証・ピボッティングを経て，本プログラムにより獲得した事業インフラから生まれた遠隔地大学技術シーズを活用した新たな製品・事業モデル（一部試作済み），参加事業者の技術シーズを活用した新たなコンセプトの製品開発，自治体・図書館・首都圏企業・地域事業者を巻き込んだ，地域資源のリ・デザインによる地域再生を目的とするソーシャルビジネスの立上げ（事業リリース・スタートアップ資金調達）がプログラム終了後も持続的に展開されている（図9-14，図9-15，図9-16，図9-17）。

　特筆すべきは，これらの成果はいずれも学生を含め，本プログラムにより初めて出会った異なる背景を持つチームメンバー間の新たな関係性の中から生ま

図9-14　県窯業技術センター・岩手大学を巻き込んだ自律的展開

図9-15　有田町役場・有田東図書館とのミーティング

図 9-16　有田駅構内でサービス開始した「0→1」ステップ

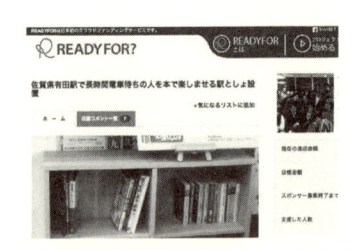

図 9-17　クラウドファンディングや官民助成金申請による資金調達

れている点である。

　デザイン思考の採用，すなわち，観察・共感により暗黙知を読み取り，言語化・視覚化された形式知を元に解決案を共にデザインし，そのプロトタイピング・検証を通じて更なる暗黙知を獲得・共有するという循環が繰り返された結果，多様な背景を持つチームメンバー間において一体的かつ内発的な自立展開がなされ，適宜ステイクホルダーをも巻き込みつつ新たな社会システムの構築が展開された。地域再生を目的として有田で実施した本プログラムにおいても，持続的にイノベーションを自己創出する「場」の成立を確認した。

9.4　デザイン思考プログラムにおけるデジタル表現の役割

　アントレプレナーシップⅡの冒頭では，受講生はガイダンスに続きデジタル表現演習（担当：文化教育学部 中村隆敏 教授）を3コマ集中講義形式で受講する。デジタル表現技術の導入は本学アントレプレナーシッププログラムの先端的特徴の1つとなっている。以下，デジタル表現技術の導入効果をデザイン思考プロセスごとに示す。

○共感（洞察）

　デザイン思考では，表層的な観察や会話にとどまらない対象者への共感（洞察）が鍵となる。ビデオエスノグラフィと呼ばれる動画による記述・解釈は，言語化されない表情や声のトーン，対象者が置かれている環境など，膨大な非言語情報

を連続的に記録できる点で極めて優れている。また，反復再生が可能であることから，通常一度の観察では埋もれてしまう刺激の低い情報，あるいは解釈に時間のかかる複雑な情報からも気づきを得ることが実現でき，洞察を深める手法として極めて効果的である。さらに，今回のように双方で撮影されデジタル表現化された映像を YouTube 等のインターネット上の動画共有サイトを通じて共有することにより，通常であれば時間・場所を共有することが困難な海外の学生との連携も低コストで可能となり，より多様な視点による洞察が可能となる。

○課題定義・アイデア創出

撮影行為・編集行為いずれも意識的に行われる。そのため，両作業を繰り返しつつ核となる場面を抽出する過程において，言語のみでは抽象度が高く曖昧になりがちな課題が明確に定義される。課題が明確に定義されることにより，アイデア創造フェーズの質・量が高められる。

○プロトタイプ・テスト

デザイン思考は 0 → 1，すなわち社会において未だ現存しない新たな価値の実現を目指す。それゆえ，現存しないアイデア（仮説）が実際に対象者にどのように受け止められるか，簡易かつ擬似的に経験できるようプロトタイプを試作・試行し，対象者からのフィードバックを得ることを繰り返すことにより仮説を検証する。映像表現は，言語・非言語，多様な情報を表現できるのみならず，編集技術を経てより本物に近いエクスペリエンスを対象者に与えることが可能であり，プロトタイプ・テストにおいても極めて有効な技法といえる。

9.5　佐賀大学デザイン思考研究所

9.2 教育および 9.3 実践の取組を礎に学際性および産学地域連携を一層強化し，教育・研究・社会貢献を通じて HCD（Human Centered Design 人間中心デザイン）による「0 → 1」の共創の取組をもって QOL（Quality of Life 生活の質）

向上への貢献を目指す佐賀大学デザイン思考研究所を設置した。医学・情報技術・映像表現・機能物質・技術教育・感性工学・知識科学，様々な分野からの10名の学内研究者と，学外からの4名（事業開発の側面からCorporate Venture Capital 類似の支援を提案くださった地域インフラ企業，地域の現場に即した厚いアドバイスを重ねてくださった自治体で新産業創出や経営革新の政策を担われている方，クリエイティブや共創の法務のフロンティアを開拓されている弁護士）で構成される（図9-18）。学際的視点からのデザイン思考による課題発見，課題解決案の探索，社会展開（事業化）に取り組むと同時に，イノベーション共創プロセス方法論の探求として，各専門領域（健康・福祉・情報技術・物質・表現・教育）とデザイン思考プロセスの効果的な関わり方を模索している。

設置直後より，地域インフラ企業からの地域イノベーション創出エコシステム構築に関する共同研究の提案，地域団体

図 9-18　佐賀大学デザイン思考研究所

からの共に地域資源の価値を地域社会で再評価するための映像プロジェクト事業の委託，自治体からの地域産業におけるイノベーション人材育成事業の委託を受けたほか，全国の国立大学が参加する事業創造拠点年次会議や複数の国際会議において，地方型イノベーション共創エコシステムとして特にパネル報告を求められる等，本研究所の取組に対する社会的ニーズの高さが窺える。

9.6　おわりに

文部科学省の国立大学第3期中期計画運営交付金配分の在り方検討会議事録においても「事業創造の核となる人材の育成」が朱字追記されているが，新時代を拓く事業共創，すなわち持続可能な新たな価値共創の方法論を「実践的に」学ぶ場は，学生の教育・社会人の学び直しにとどまらず，イノベーション

共創エコシステムとしての役割を直接的・間接的に果たす可能性を秘めている。

「イノベーション」という言葉は浮いた印象を与えがちであるが，知識科学を開拓した野中らが暗黙知と形式知のダイナミックな相互変換運動から生まれると説明するように，地に足のついた経験と深い知識に基づく。換言するなら，イノベーションは，伝統的な専門分野についての深い知識（形式知）と，それらの知識を自ら主体的に社会で運用する動機を惹起するほどに深く内面化された社会経験（暗黙知）の両輪があって成立するといえる。

個々人が直接的な経験・共感を通じて対象を五感で感じとり暗黙知を獲得し（共同化），それを他者との対話や思索を通じて形式知化し（表出化），得られた形式知を体系的にシステム化・理論化し組織知へと組み上げ（結合化），組織化された組織知の実践・具現化を通じて個々人が新たな暗黙知を獲得し（内面化），新たな共同化へと循環させる，これこそデザイン思考の本質である。

私たちの社会が大きな転換期にある時，かつて高度成長期では効率的に機能した，与えられた課題に対して定石を適用し計画的に遂行する力のみでは対応は困難となる。近年の国内外での，特に我が国の産業界・教育界におけるデザイン思考の急速な普及は，ダイナミックな文脈の中で課題を自ら発見・定義し，その複合的な要素を包含する現代的課題に対して多様な人々と共に創造的な解を探り，柔軟に実践していくマネジメントが，かつてなく切実に求められている表れといえよう。

本章を結ぶにあたり9.2 教育および9.3 実践より，特に次の2箇所を抜粋し，以下に再掲する。

- 「価値を創出し・届け・回収する」方法論・スキルを実践的に学び，自律と連携，地域と国際，クリエイティブとマネジメントの調和を実践的に修得した，地方国立大学ならではのグローカル・リーダー人材の育成
- 上意下達やマッチング等，所与の関係性から新たな価値を生み出そうとするのではなく，新たな価値共創のプロセスから新たな関係性を紡いでいく「場」のデザイン・マネジメント

デザイン思考は，これら教育と実践を繋ぎ，多様な分野・立場の人々との関わりを生み出し，地に足のついたイノベーションを共創する駆動エンジンとしての役割を果たす。

最後に，本章冒頭に示した狙い，デザイン思考という異なる角度からの照射により，現代社会におけるデジタル表現技術者養成プログラムの意義について考察を深める試みが幾分でも成功していれば幸いである。

引用・参考文献資料

1) Hasso Plattner, C. Meinel, and U. Weinberg: Design Thinking, mi-wirtschaftsbuch, 2009.
2) Hasso Plattner : Bootcamp Bootleg, Institute of Design at Stanford, 2011.
3) 文部科学省：大学発イノベーションのための対話の促進について： http://www.mext.go.jp/b_menu/shingi/gijyutu/gijyutu16/003/houkoku/1335413.htm （2015/1/10 アクセス）
4) 文部科学省：グローバルアントレプレナー育成促進事業（EDGE プログラム）： http://www.mext.go.jp/a_menu/jinzai/edge/1346947.htm （2015/11/26 アクセス）
5) Joseph A. Schumpeter: The theory of economic development: An inquiry into profits, capital, credit, interest, and the business cycle (Theorie der wirtschaftlichen Entwicklung), Edison, NJ: Transaction, 1982 (1934).
6) 経済産業省：フロンティア人材（METI/ 経済産業省）： http://www.meti.go.jp/policy/economy/jinzai/frontier-jinzai/ （2015/11/26 アクセス）
7) 野中 郁次郎, 竹内弘高：知識創造企業, 東洋経済新報社, 1996.
8) Akane Matsumae and Karl Burrow: "Business Model Canvas as a Method to Develop Customer-Oriented Service Innovation", Serviceology Designing for the Future, Springer (LNCS), 2015.
9) 佐賀大学全学教育科目の履修方法： http://www.oge.saga-u.ac.jp/students_03c.html （2015/11/26 アクセス）
10)「佐賀大学学士力」について： https://www.saga-u.ac.jp/koho/2010gakushiryoku.htm （2015/11/26 アクセス）
11) Sarah S. Haas et al: "Deprogramming Passive Learners: Designing and Introducing a Participation Point System in a Compulsory Intensive English Program", Japan Association for Language Teaching 2004 Conference Proceedings, 2005.
12) S. L. Star and J. R. Griesemer : "Institutional Ecology, 'Translations' and Boundary Objects: Amateurs and Professionals in Berkley's Museum of Vertebrate Zoology", Social Studies of Science, 1989.
13) 野中 郁次郎, 紺野 登：知識創造経営のプリンシプル, 東洋経済新報社, 2012.

付録A 佐賀デジタルミュージアムの構築

(1) 背景

近年，地方公共団体や博物館，美術館などの学術文化施設において，デジタルアーカイブやオープンデータの活用などが進んでいる。歴史的・文化的な遺産はデジタルデータとして保存しておくことで，経年劣化や自然災害などによるオリジナルの破損・喪失のリスクから回避することができ，Web上に公開することで，アーカイブとして検索や閲覧が可能になる。

佐賀大学では，2001年度に「eラーニングスタジオ」を設立し，LMS（学習管理システム：Learning Management System）の運用やデジタルコンテンツの開発を行っている。また，2012年度には「地域環境コンテンツデザイン研究所」を設立し，デジタルコンテンツの研究や人材育成および，地域資産におけるコンテンツの開発を行っている。こ

図A-1 佐賀デジタルミュージアムのトップページ

れらの活動により，佐賀大学には佐賀県の伝統工芸や歴史に関するコンテンツが多数存在している。そこで，それらのコンテンツをアーカイブしWeb上に公開するミュージアムの構築を行った[1]。

ミュージアムの構築にあたり，eラーニングスタジオや地域環境コンテンツデザイン研究所のメンバーを中心としたワーキンググループを結成し，システム開発や収蔵品についての検討を重ねた。そして2014年末，佐賀の歴史文化遺産をデジタルデータとしてアーカイブする「佐賀デジタルミュージアム」を公開した。そのトップページを図A-1に示す。本ミュージアムには，自己登録制のeラーニングサイトも設けている。

(2) 佐賀デジタルミュージアムの目的

本ミュージアムは，地域に残存する古文書や写真などのデジタル化，祭事や芸能などの映像化，歴史的建造物の3DCGとしての復元など，佐賀県内の歴史文化遺産の保存・継承・発信を目的としている。これらをWeb上に公開することで，時間や場所にとらわれずに検索や閲覧が可能となる。また，本ミュージアムは，「佐賀」をモデルとして教育・文化を中心とした地域貢献としてのデジタルミュージアムであり，地域の歴史文化遺

図 A-2　収蔵品ページの一部

産の情報を観光資源として発信することで，実際に現地に足を運んでもらう契機にもなり得る。

本ミュージアムは，それぞれの収蔵品ページで数分の動画や写真，説明文や地図などが閲覧できる（図

図 A-3　佐賀デジタルミュージアムの e ラーニングサイト

A-2）。一部の収蔵品には，e ラーニング教材が提供されており，興味をもった利用者はさらに深く学ぶことができる（図 A-3）。これらのコンテンツは，佐賀について学ぶ初等中等教育用教材や生涯学習用教材としての利用が期待できる。

(3) システム構成

本ミュージアムは，企画から公開までをおよそ 10 ヶ月という限られた期間で構築する必要があった。そのため「WordPress[2)]」，「Omeka[3)]」，「Moodle (Modular Object-Oriented Dynamic Learning Environment)」の 3 つのオープンソースシステムを組み合わせて構築した。本ミュージアムのシステムを図 A-4 に示す。

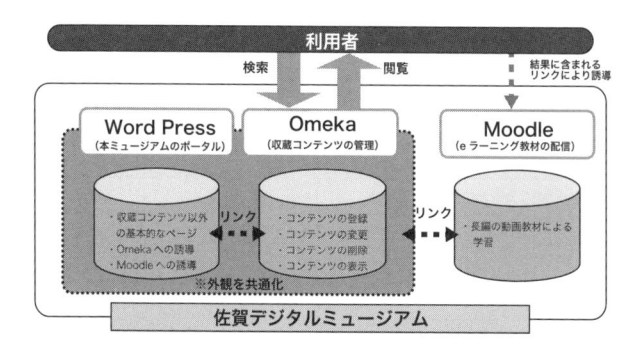

図 A-4　ミュージアムのシステム構成

WordPressは，オープンソースのブログやCMS（Contents Management System）のプラットフォームであり，カスタマイズが容易であるため利用者が多い。Omekaは，米国ジョージ・メイソン大学により開発されている図書館や美術館などの学術コレクションや展示に適したプラットフォームである。

本ミュージアムでは，サイトのポータルとして「概要」や「お問い合わせ」などの基本的な情報を提供するページをWordPress，収蔵品の管理や展示，検索のシステムとしてOmekaを用いた。これら2つのプラットフォームを連携させ，本ミュージアムの核とした。この異なるプラットフォームを一つのWebサイトとして認識できるように，プラットフォーム間でデザインに統一感を持たせることで，利用者に違和感を与えないようにしている。また，表示対象にあわせて最適なレイアウトに表示を切り替えるレスポンシブWebデザインとすることにより，PCだけでなくタブレット端末やスマートフォンでの利用も可能としている。

Moodleは，佐賀大学のeラーニングで使用しているLMSである。佐賀大学には豊富な運用経験があり，授業で使用しているコンテンツの流用や短時間でのシステム構築が可能であった。

本ミュージアムでは，このMoodleで構築している部分を，長編の学習用教材を視聴するための「佐賀デジタルミュージアムeラーニングサイト」として位置付けている。収蔵品ページには，収蔵品に関連するeラーニング教材が存在する場合にその教材へのリンクが表示される。このリンクにより，収蔵品に

表A-1　収蔵コンテンツ

カテゴリ	コンテンツ
伝統工芸	肥前名尾和紙，肥前びーどろ-副島硝子工業-，鹿島錦・佐賀錦
伝統芸能	母ヶ浦の面浮立，白髭神社の田楽，多久聖廟 釈菜，市川の天衝舞浮立
遺跡・史跡	吉野ヶ里遺跡，大川内鍋島藩窯跡，肥前国庁跡，三重津海軍所跡，多久聖廟，鵜殿石仏群
建築物	筑後川昇開橋，旧・川南造船所跡
自然・風景	納戸料の百年桜，浜野浦の棚田，川古の大楠
その他	幕末佐賀藩のアームストロング砲（復元3DCG），伊東玄朴

興味をもった利用者を自己登録制のeラーニングサイトに誘導している。

(4) 収蔵品

本ミュージアムでは，収蔵品を伝統工芸，伝統芸能，遺跡・史跡，建築物，自然・風景，その他の6つのカテゴリに分類した。収蔵品は随時追加されており，2015年7月現在では，計20点を収蔵している（表A-1）。

本ミュージアムでは，目的の収蔵品へ容易にたどりつけるように，収蔵品の「カテゴリ（図A-5）」や収蔵品ごとにつけられた「タグ」や「キーワード」，「地図（図A-6）」など，さまざまな検索方法に対応させた。収蔵品に関連するページにのみ表示されるサブメニューもナビゲーションとして加えた。

図A-5　カテゴリによる検索

図A-6　地図による検索

(5) eラーニングサイト

本ミュージアムのeラーニングサイトには「有田焼入門」「吉野ヶ里学」「伝

統工芸と匠」の3つのコースがある。コースとそれに関連する本ミュージアムの収蔵品を表 A-2 に示す。e ラーニングサイトは，今後も地域に特化した学習コンテンツの提供を予定している。

表 A-2　e ラーニングサイト

コース名	関連する収蔵コンテンツ
有田焼入門	大川内鍋島藩窯跡
吉野ヶ里学	吉野ヶ里遺跡
伝統工芸と匠	肥前名尾和紙，肥前びーどろ - 副島硝子工業 -，鹿島錦・佐賀錦，大川内鍋島藩窯跡

(6) 今後に向けて

　本ミュージアムの収蔵品は，これまでに e ラーニングスタジオが制作し資料や教材として保管してきたものが多くを占める。写真や映像コンテンツだけでなく，歴史的建造物の 3DCG としての復元など，e ラーニングスタジオの技術支援スタッフが有する技術により可能となっているところが大きい。

　今後，多様な資産をそれぞれに適した方法で残していくためには，技術面での研鑽も必要である。

　本ミュージアムを継続していくためには，今後も収蔵品の拡充を行っていく必要がある。また，地域の博物館や美術館，地方公共団体との連携を図り，利用価値の高いものにしていきたい。

　最後に，本ミュージアムの構築は日本財団の支援や多くの関係者の協力を得て実施している。この場を借りて感謝の意を表す。

引用・参考文献資料

1) 佐賀デジタルミュージアム：http://www.saga-els.com/sdm/
（2015/11/26 アクセス）
2) WordPress：https://ja.wordpress.org/　（2015/11/26 アクセス）
3) Omeka：http://omeka.org/showcase/　（2015/11/26 アクセス）

付録B 佐賀大学デジタルコンテンツ・クリエーター育成プログラム

(1)「デジ表」の前に「社会人の学び直し」があった

2009年度に学生対象のプログラム「佐賀大学デジタル表現技術者養成プログラム（デジ表）」をスタートする前に，文部科学省の委託事業として「社会人の学び直しニーズ対応教育推進プログラム」に採択され，「佐賀大学デジタルコンテンツ・クリエーター育成プログラム」を開講していた。2007年度は準備期間とし，2008年度から正式に開講した。以下にそのプログラムを紹介する。

佐賀大学のeラーニングスタジオは，2001年度の設立以降，様々な事業を通して，高度なICTスキルを持ったクリエーターが育成され，指導できるレベルに達した。そのような中で，本プログラムの運用が始まった。図B-1は2012年度のコース案内である。

本プログラムは，デジタルコンテンツに関心が高く，潜在的な能力を有している人を対象とし，デジタルコンテンツのクリエーターを育成することを目的とした。プログラム開始時は「コースⅠ」「コースⅡ」「コースⅢ」の3つのコー

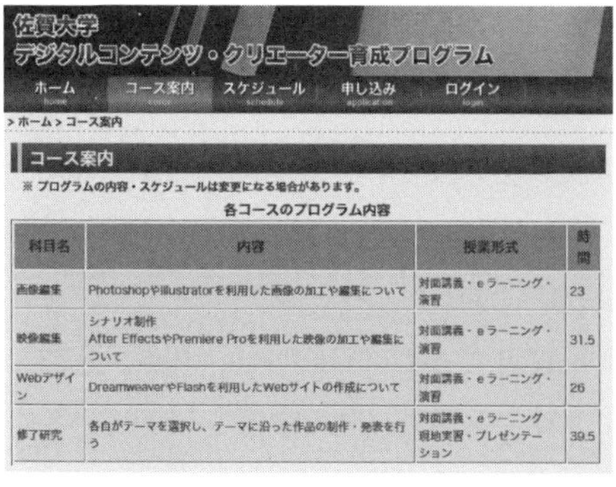

図B-1 佐賀大学デジタルコンテンツ・クリエーター育成プログラムの案内

スでカリキュラムを構成した。コースⅠ・Ⅱで「Web デザイナー」、コースⅠ・Ⅱ・Ⅲで「デジタルコンテンツ・クリエーター」を取得できるように計画した。定員は全部で 30 名とした。

本プログラムにおいては，社会人を対象とする「特別の課程」を佐賀大学の公式の履修認定プログラムとして実施するために，教務委員会等で佐賀大学学則等を改正し，120 時間以上の履修と修了要件を満たした者に履修証明書を交付できるようにした。

2008 年度の実施状況を踏まえ，2009 年度はカリキュラムの見直しを図り，コースを 1 つにまとめて「デジタルコンテンツ・クリエーター」のみにし，① 画像編集（Photoshop や Illustrator を利用した画像の加工や編集），② 映像編集（シナリオ制作及 After Effects や Premiere を利用した映像の加工や編集），③ Web デザイン（Dreamweaver や Flash を利用した Web サイトの作成），④ 修了研究（各自がテーマを選択し，テーマに沿った作品の制作・発表）の構成にした。そして最後の修了研究のプレゼンテーションを重視することとし，公開で行うこととした。

2010 年度以降は，文部科学省からの補助金がなくなったが，佐賀大学独自の「佐賀大学デジタルコンテンツ・クリエーター育成プログラム」として，有料で, 定員は 15 名で募集することとなった。

【2008 年度～2009 年度のカリキュラム構成】
　◇コースⅠ　（初級編・選択必修）　デジタルデザイン
　◇コースⅡ　（上級編・必修）　デジタルアート
　◇コースⅢ　（応用編・選択A）　ツーリズム・コンテンツ作成研究
　　　　　　　（応用編・選択B）　デジタルアーカイブ・コンテンツ作成研究
　○Web デザイナー取得コース（上記Ⅰ・Ⅱを履修）（総 153 時間）
　○デジタルコンテンツ・クリエーター取得コース（上記Ⅰ・Ⅱ・Ⅲを履修）（総 220 時間）

付録B　佐賀大学デジタルコンテンツ・クリエーター育成プログラム　*225*

【2010年度以降のカリキュラム構成】

◇画像編集（PhotoshopやIllustratorを利用した画像の加工や編集）

◇映像編集（シナリオ制作及びAfter EffectsやPremiereを利用した映像の加工や編集）

◇Webデザイン（DreamweaverやFlashを利用したWebサイトの作成）

◇修了研究（各自がテーマを選択し，テーマに沿った作品の制作と発表）

2012年度特別の課程「佐賀大学デジタルコンテンツ・クリエーター育成プログラム」の実施計画書を表B-1に示す。本プログラムは，大学の公式の履修認定プログラムであるため，教務委員会の審議の下で実施される。履修時間が認定されると，履歴書等に佐賀大学で本プログラムを履修したことを明記できるのである。受講者の推移を表B-2に示す。募集用チラシを図B-2に示す。

【実施カリキュラム内容】

1) 画像編集（PhotoshopやIllustratorを利用した画像の加工や編集について）

以下の項目について講義＋実習

- ラスター画像の基本の学習
- Adobe Photoshop CS3の基本操作（図B-3）
- 効果的な利用方法の学習

以下の項目について講義＋実習

- ベクター画像の基本の学習
- Adobe Illustrator CS3の基本操作
- 効果的な利用方法の学習
  PhotoshopとIllustratorを使用して作品制作

2) 映像編集（シナリオ制作及びAfter EffectsやPremiereを利用した映像の加工や編集について）

図B-3　Photoshopを学ぶ

表 B-1　2012 年度特別の課程「佐賀大学デジタルコンテンツ・クリエーター育成プログラム」の実施計画書

別記様式第 1	
特別の課程編成計画書	
設置学部等	
特別の課程の名称	佐賀大学デジタルコンテンツ・クリエーター育成プログラム
目　的	デジタルコンテンツに関心が高く、潜在的な能力を有している者を対象とし、デジタルコンテンツのクリエーターを育成するプログラムを実施し、修了生に『佐賀大学 デジタルコンテンツ・クリエーター』の修了証明書を発行し、キャリアアップ等を推進する。
内　容	① 画像編集（Photoshop や Illustrator を利用した画像の加工や編集について） ② 映像編集（シナリオ制作及び AfterEffects や Premiere を利用した映像の加工や編集について） ③ Web デザイン（Dreamweaver や Flash を利用した Web サイトの作成について） ④ 修了研究（各自がテーマを選択し、テーマに沿った作品の制作・発表を行う） ※ 科目によっては指定のテキストを購入していただきます。
履修資格	以下のいずれも満たしている社会人（非正規雇用労働者・主婦等を含む）及び学生。 ① 高等学校又は中等教育学校を卒業した者、若しくはそれと同等以上の学力があると認められる者 ② コンピュータの基礎知識があり、フォルダ構造や拡張子の概念が理解できている者 ③ ワード、エクセル、パワーポイント等をある程度使用できる者
定員	15 名
講習料	120,000 円　　　　　　　　総時間数　120 時間
開講期間	平成 24 年 5 月上旬 ~ 平成 25 年 3 月上旬
修了要件	以下のいずれも満たしていること。 ① 既定の授業に出席し、出席できない授業に関しては補習や課題の提出を行うこと ② 各科目において出される規定の課題及び作品を提出していること ③ 修了研究において作品の制作・発表を行うこと
開設科目等	

科目名	講習・授業形式	時間数	担当教員	備　考
画像編集	対面講義 +e ラーニング	23	穂屋下 茂	授業科目
映像編集	対面講義 +e ラーニング	31.5	穂屋下 茂	授業科目
Web デザイン	対面講義 +e ラーニング	29	穂屋下 茂	授業科目
修了研究	対面講義 +e ラーニング +実習+プレゼンテーション	36.5	穂屋下 茂	授業科目

付録 B 佐賀大学デジタルコンテンツ・クリエーター育成プログラム 227

(a) 2009 年度 　　　　　　　　(b) 2012 年度

図 B-2　受講生募集用チラシ

表 B-2　受講者数の推移

(人)

区分	受講者定員	応募者数	受講者数	修了者数	履修証明書発行者数
2008 年度 (平成 20 年度)	30	43	30	21	17
2009 年度 (平成 21 年度)	30	35	30	25	25
2010 年度 (平成 22 年度)	15	10	10	8	8
2011 年度 (平成 23 年度)	15	6	5	4	4
2012 年度 (平成 24 年度)	15	6	6	4	4

以下の項目について講義＋実習
- シナリオ作成
- 動画編集の基礎知識
- Adobe PremierePro CS3 の基本操作
- Adobe After Effects の基礎と基本操作
- デジタルビデオカメラの基本操作（図 B-4）
- 上記を踏まえて，テーマに即した作品制作

3) **Web デザイン**（Dreamweaver や Flash を利用した Web サイトの作成について）
以下の項目について講義＋実習
- Web サイトの基礎知識
- Flash の基礎知識（図 B-5）
- 「ギャラリー」というテーマで，画像編集で作成した作品と，この講義で作成した Flash を紹介する Web サイトを制作

図 B-4　DV カメラを扱う　　　　図 B-5　Web サイトを学ぶ

4) **修了研究**
　各自がテーマを選択し，作品制作。テーマによっては実際に観光地を訪問し，地域住民との絆を深めた（図 B-6）。

5) 公開審査会の実施

2011年度より修了研究作品展示会を「佐賀大学デジタル表現技術者養成プログラム」の修了研究展示会「電脳芸術展」において合同で実施した（図B-7）。

公開審査会では，作品評価と合わせて，プレゼンテーションの評価により最優秀作品等を表彰した。

6) 修了式

修了要件を満たしている者（教育委員会等の議を経て，学長が認定）に対して修了式を行って(図B-8)，特別の課程「佐賀大学デジタルコンテンツ・クリエーター育成プログラム」の履修証明書を授与した。

本プログラムは，高度情報化社会で今求められているものであるが，残念ながら実習で使用するパソコンやコンテンツ制作のための専用ソフトが古くなったために，2013年度から休止することになった。

図B-6　観光資源フィールドワーク（学外実習）

図B-7　公開展示会で作品を評価し合う

図B-8　修了式の様子

あとがき

2015 年 8 月
穗屋下 茂

　佐賀大学では，2002 年度より単位の取得できる VOD（Video On Demand）型のフル e ラーニング（ネット授業）を全国の大学に先駆けて実施した。e ラーニング教材をはじめとする各種デジタルコンテンツの制作や，教材を配信する LMS（Learning Management System：学習管理システム）の管理・運用を，佐賀大学の e ラーニングスタジオを中心に学内の教員や技術支援スタッフが行っている。その結果，高度なクリエート技術や経験（ノウハウ）が着実に蓄積され，デジタルコンテンツの作成技術を教育できる環境が学内に構築され，佐賀大学の大きな強みとなってきた。

　2007 年には，「佐賀大学デジタルコンテンツ・クリエーター育成プログラム」が，文部科学省の「社会人の学び直しニーズ対応教育推進プログラム（2007 〜 2009 年度）」に採択された。このプログラムは，社会人を対象とした履修時間を保証する「特別の課程」プログラムである。

　ついで，2008 年には「創造的人材育成〜誰でもクリエーター〜」が文部科学省の「質の高い大学教育推進プログラム（2008 〜 2010 年度）」に採択された。これは，学生を対象とした「デジタル表現技術者養成プログラム」である。

　いずれのプログラムも，佐賀大学に e ラーニングスタジオを開設し，学内にクリエートスキルを蓄えた結果の成せる業である。技術支援スタッフの多大なる献身的な支援のもと，教員は多くの科目を開講し，キャリア教育を意識しながら，実践研究を重ねた。その結果，2014 年度までに，18 件の学会等の講演を行い，学内論文集・紀要も 6 編ほど執筆した（末尾の論文リスト参照）。学会発表等は教員，スタッフ分け隔てなく，最も尽力した者が発表することにした。2010 年 12 月に京都で開催された『情報教育研究集会』（翌年から『大学 ICT 推

進協議会』に変更）において，発表した論文「就業力を育む教育実践～デジタル表現技術者養成プログラム～」が優秀論文賞を受賞した。これらのクリエーター人材育成に関する科目の開講・実践は決して容易ではなく，多大の時間と手間がかかるだけに，受賞の知らせを聞いた時には一瞬にして苦労が報われた。表彰状は今も，ｅラーニングスタジオに飾ってある。

　いま，少子化に伴って全入時代に突入し，主体的学びの環境構築が大学にも求められている。デジタル表現技術者養成プログラムは，開講した当時に比べ，その重要性はますます大きくなっている。これから継続していくためには，献身的に支援する技術支援スタッフの待遇改善など，大きな問題を抱えているが，学生のための就業力を育む教育プログラムがもっと発展的に大学の強みとして活かされることを期待したい。

◆研究力◆ 高度情報化社会に対応できる人材を育成

　佐賀大学は，高度情報化社会に対応する人材育成，研究にも積極的だ。
　そのひとつが「デジタル表現技術者養成プログラム」。文化教育学，経済学，理工学など学生が学ぶ専門の分野で，効果的なデジタル表現をする技術や手法を学ぶ。昨年11月に東京で開かれた第2回データビジネス創造コンテストでは，プログラム修了生チームによるスマートフォン向けの救急医療アプリケーションを用いた救急搬送時間短縮の提案が最優秀賞を受賞した。
　また地域環境コンテンツデザイン研究所は，昨年末に県内の伝統工芸や遺跡，風景などの写真や映像をネット上で自由に見ることのできる「佐賀デジタルミュージアム」を公開している。
　同研究所は，歴史，文化，芸術などの写真や映像の収集と，観光振興や地域活性化に生かす新しい手法を開発。それらを活用できるメディア芸術家育成まで視野に入れ2012年に設置された。全学教育機構，地域学歴史文化研究センター，文化教育学部，医学部，理工学部の教員によって構成されている。
　公開されたのは，佐賀錦，白鬚神社の田楽などの伝統工芸・芸能から，吉野ヶ里遺跡，筑後川昇開橋といった遺跡や建築物，風景など計20コンテンツ。写真や地図で紹介，動画で解説したものもある。サイトに登録すれば，さらに詳しく学べる「ｅラーニングサイト」もあり，「有田焼伝統工芸」「吉野ヶ里学」「伝統工芸と匠」についてネット講義が受けられる。
　小中，高校生，生涯学習での活用や観光客誘致などに活用できると期待されている。

あとがき　233

　2015年7月21日付の読売新聞の『佐賀大学「大学の実力」新学部誕生－地域に開かれた産業振興の拠点へ－』では，デジタル表現技術者養成プログラム関係を，前頁のコラムのように紹介している。感謝である。

　最後に，本書の制作・発行において，尽くお世話にになった五絃舎の長谷雅春氏に心より感謝の意を表す。なお，本研究の一部は平成26年度科学研究費補助金（基盤研究(B)一般，代表：穂屋下　茂，研究課題名「eラーニングと協同学習を効果的に利用して反転授業を促す教育改革の研究」）の補助により行ったことを記す。

【筆者らが発表した「デジタル表現技術者養成プログラム」関係の論文リスト】
【学内論文集・紀要】6編
(1) 穂屋下　茂，久家淳子，時井由花，永溪晃二，古賀崇朗，河道　威，米満　潔，藤井俊子，本田一郎，五十嵐　勉，中村隆敏，高崎光浩，角　和博，近藤弘樹：社会人対象のデジタルコンテンツ・クリエーター育成プログラムの実践，大学教育年報，佐賀大学高等教育開発センター，No.6 (2010/3), pp.52-65.
(2) 中村隆敏，角　和博，穂屋下　茂，高崎光浩，大谷　誠，藤井俊子，古賀崇朗，永溪晃二，久家淳子，時井由花，河道　威，米満　潔，原口　聡，本田一郎，梅崎卓哉：デジタル表現技術とメディアアートの関連性に関する一考察，佐賀大学文化教育学部研究論文集，第15集，第2号 (2011), pp.63-75.
(3) 古賀崇朗，中村隆敏，藤井俊子，高崎光浩，角　和博，河道　威，永溪晃二，久家淳子，時井由花，田代雅美，米満　潔，田口知子，穂屋下　茂：就業力を育むデジタル表現技術者養成プログラムの実践，全学教育機構紀要，佐賀大学全学教育機構，創刊号 (2013/7), pp.13-22.
(4) 古賀崇朗，青柳達也，河道　威，米満　潔，角　和博，穂屋下　茂：初年次教育におけるアクティブ・ラーニングの試み －「身体表現入門」の場合－，全学教育機構紀要，佐賀大学全学教育機構，第2号 (2014/3), pp.83-90.
(5) 穂屋下　茂，米満　潔，田口知子，河道　威，古賀崇朗，永溪晃二，田代雅美，中村隆敏，高崎光浩，角和博：主体的学びを育む佐賀大学コンテンツデザインコンテストの開催，佐賀大学全学教育機構紀要，佐賀大学全学教育機構，第3号 (2015/3), pp.43-53.
(6) 古賀崇朗，米満　潔，永溪晃二，田代雅美，中村隆敏，角　和博，穂屋下　茂：3DCGと3Dプリンタを活用した教育の実践的研究，佐賀大学全学教育機構紀要，佐賀大学全学教育機構，第3号 (2015/3), pp.155-166.

【講演論文集・予稿集】18件　（先頭が登壇者）
(1) 時井由花，古賀崇朗，穂屋下　茂：デジタル表現技術の育成に向けて－「デジタルデザインⅠ」の実践－，教育システム情報学会，第33回全国大会講演論文集（熊本大学），B5-6 (2008/9), pp.246-247.
(2) 久家淳子，時井由花，古賀崇朗，河道　威，本田一郎，米満　潔，藤井俊子，中村隆敏，

高崎光浩，角 和博，穂屋下 茂，近藤弘樹：デジタルコンテンツ・クリエーター育成プログラム「社会人の学び直し」の実践報告，教育システム情報学会，第33回全国大会講演論文集（熊本大学），B7-3 (2008/9), pp.276-277.
(3) 古賀崇朗，米満 潔，藤井俊子，永渓晃二，久家淳子，時井由花，河道 威，本田一郎，中村隆敏，高崎光浩，角和博，穂屋下 茂：デジタル表現技術教育プログラムの実施，2009九州PCカンファレンス in 九州工業大学, (2009/11), pp.12-13.
(4) 古賀崇朗，中村隆敏，藤井俊子，米満 潔，久家淳子，時井由花，河道 威，本田一郎，原口聡史，永渓晃二，高崎光浩，角 和博，穂屋下 茂：デジタル表現技術教育プログラムの実践，2010 PCカンファレンス分科会予稿集（東北大学）(2010/8/8), pp.235-238.
(5) 穂屋下 茂，中村隆敏，高崎光浩，角 和博，大谷 誠，藤井俊子，古賀崇朗，永渓晃二，久家淳子，時井由花，河道 威，米満 潔，原口聡史，本田一郎，梅崎卓哉：就業力を育む教育実践〜デジタル表現技術者養成プログラム〜，情報教育研究集会講演論文集（京都府民総合交流プラザ 京都テルサ）(2010/12/11), pp.340-343.
(6) 藤井俊子，穂屋下 茂：教育でのLMS利用を目指した授業『教育デジタル表現』，PCカンファレンス2011（熊本大学）(2011/8/7), 286-287.
(7) 古賀崇朗，青柳達也，河道 威，小野 博，穂屋下 茂：コミュニケーション能力を育む身体表現入門，日本リメディアル教育学会，第4回関西支部大会（大阪体育大学）(2012/3/19), pp.26-27.
(8) 古賀崇朗，藤井俊子，田代雅美，米満 潔，山内一祥，高崎光浩，穂屋下 茂：デジタル表現技術者養成プログラムの修了研究と評価，PCカンファレンス2012（京都大学）(2012/8/4), pp.253-254.
(9) 藤井俊子，田代雅美，穂屋下 茂：LMS利用促進を目指した授業での授業改善プロセス〜教養科目『教育デジタル表現』での取り組み〜，日本リメディアル教育学会第8回全国大会（立命館大学）(2012/8/29), pp.198-199.
(10) 藤井俊子，田代雅美，梅﨑卓哉，穂屋下 茂：Moodleを利用した授業での振り返りとポートフォリオ〜教養科目『教育デジタル表現』での取り組み〜，日本リメディアル教育学会九州支部大会（福岡大学）(2012/9/15), p.1.
(11) 古賀崇朗，藤井俊子，田代雅美，米満 潔，山内一祥，高﨑光浩，穂屋下 茂：デジタル表現技術者養成プログラムにおける評価方法の検討と課題，日本リメディアル教育学会九州支部大会（福岡大学）(2012/9/15), p.2.
(12) 古賀崇朗，中村隆敏，藤井俊子，永溪晃二，河道 威，久家淳子，時井由花，田代雅美，米満 潔，本田一郎，田口知子，高﨑光浩，角 和博，穂屋下 茂：デジタル表現技術者養成プログラムの展開，2012九州PCカンファレンス（宮崎大学）(2012/11/11), pp.13-14.
(13) 古賀崇朗，永溪晃二，田口知子，河道 威，米満 潔，久家淳子，時井由花，田代雅美，福崎優子，中村隆敏，角 和博，高﨑光浩，藤井俊子，三島伸雄，穂屋下 茂：学生の可能性を拓く佐賀大学コンテンツデザインコンテスト, PCカンファレンス2013（東京大学）(2013/8/4), pp.277-278.
(14) 古賀崇朗，藤井俊子，田代雅美，米満 潔，河道 威，永溪晃二，久家淳子，時井由花，田口知子，高﨑光浩，中村隆敏，角 和博，穂屋下 茂：デジタル表現技術者養成プログラムにおける修了研究の評価方法の検討，日本リメディアル教育学会全国大会（広島修道大学）(2013/8/30), pp.136-137.

(15) 藤井俊子, 穂屋下 茂：協同学習を取り入れた ICT 活用教育の実践報告 ―「教育デジタル表現」の事例―, 8大学間連携共同教育推進事業＆大学 e ラーニング協議会合同フォーラム（佐賀大学）(2014/3/7), pp.57-58.
(16) 穂屋下 茂, 田口知子, 永溪晃二, 河道 威, 米満 潔, 古賀崇朗, 中村隆敏：大学教育の輪を広げるコンテンツデザインコンテスト, PC カンファレンス 2014（札幌学院大学）(2014/8/9), pp.232-235.
(17) 古賀崇朗, 米満 潔, 永溪晃二, 梅﨑卓哉, 中村隆敏, 高﨑光浩, 角和博, 穂屋下 茂：佐賀デジタルミュージアムの構築に向けて, PC カンファレンス 2014（札幌学院大学）(2014/8/10), pp.330-331.
(18) 田口知子, 古賀崇朗, 米満 潔, 永溪晃二, 河道 威, 田代雅美, 梅﨑卓哉, 中村隆敏, 角 和博, 穂屋下 茂：佐賀デジタルミュージアムの構築, 2014 九州 PC カンファレンス in APU（立命館アジア太平洋大学）(2014/11/8), pp.27-28.

監修者紹介

穂屋下 茂（ほやした　しげる）
　佐賀大学全学教育機構教授・博士（工学）
　大学 e ラーニング協議会会長
　日本リメディアル教育学会前会長

（主要業績）

- 穂屋下 茂，他1名：第5章 e ラーニングによる教養教育と生涯学習，『大学 e ラーニングの経営戦略〜成功の条件〜』，東京電機大学出版局（2005），pp.95-128.
- 穂屋下 茂, 他3名：第1章 全国の大学対象のアンケート実施とその結果,日本リメディアル教育学会監修『大学における学習支援への挑戦〜リメディアル教育の現状と課題〜』，ナカニシヤ出版（2012），pp.2-28.
- 穂屋下 茂：主体的学びを促進する大学教育環境の構築，リメディアル教育研究，日本リメディアル教育学会，8-1（2013），pp.1-4.
- 穂屋下 茂 監修：『でんでんむし 3.11 東日本大震災を伝える〜ケースメソッドで防災教育を〜』，五絃舎，2015.
- 穂屋下 茂：1.4節 ICT 活用による学習支援，8.2節 ICT を活用した初年次教育の改善の試み，大学 e ラーニング協議会・日本リメディアル教育学会監修『大学における e ラーニング活用実践集〜大学における学習支援への挑戦〜』，ナカニシヤ出版（2016），pp.10-15，164-171.

就業力を育む
デジタル表現技術者養成プログラム
－創造的表現力を重視したアクティブ・ラーニングの実践－

2016 年 3 月 25 日　　　第 1 刷発行

監修者：穂屋下 茂
発行者：長谷雅春
発行所：株式会社五絃舎
　　　　〒173-0025　東京都板橋区熊野町 46-7-402
　　　　Tel & Fax：03-3957-5587
組　版：Office Five Strings
印　刷：モリモト印刷
ISBN978-4-86434-057-1
Printed In Japan　検印省略　ⓒ　2016